Denkspiele mit Wau-Effekt

Über 100 Hundespiele und Varianten für intelligentes und spaßiges Hundetraining

Sandra Becker

CONTENT CREATOR Verlag

Sandra Becker

DENKSPIELE MIT WAU-EFFEKT

Über 100 Hundespiele und Varianten für intelligentes und spaßiges Hundetraining

CONTENT CREATOR Verlag

Impressum Deutschsprachige Erstausgabe April 2023

Content Creator Verlag

Yannick Maar

Mühlenstr. 26

41812 Erkelenz
Covergestaltung und Satz: Wolkenart - Marie-Katharina Becker, www.wolkenart.com
Korrektorat und Lektorat: Holger Bergmann
Verlag: Content Creator Verlag
1. Auflage ISBN: 978-3-949931-08-6

Inhalt

Einleitung **7**
Mit Hundespielen zum Hundeglück 10
Hundespiele aus wissenschaftlicher Sicht 14
Spiele als Bindeglied zwischen Hund und Mensch 20

Denkspiele mit Wau-Effekt **33**

Vorbereitung ist das A und O .. **34**
Aufbau von Übungen **36**
Denkspiele für drinnen - Mit der Nase voraus **39**
Leckerli suchen 40
Sockensalat 41
Sockenmemory 43
Schlüsselsuchhund 44
Die Wundertüte 46
Lass die Korken knallen 47
Schnüffelteppich 48
Es rappelt im Karton 49
Das klassische Hütchen-Spiel .. 51
Leckeres Handtuch 52
Flaschenparty 53
Leckerlis in der Muffin-Form ... 55
Leckerlis im Eierkarton 56
Leckerchen in der Küchenrollenpappe 57
Leckerli-Karton 58
Flaschendrehen 59
Futter-Roller 61
Denkspiele für drinnen - Der Haushaltshelfer **63**
Tür aufmachen 63
Der Wegräumer 64
Der Zeitungsbote 66
Komm, wir gehen Gassi 67
Pfandsammler 69
Ausziehen 71
Schließe die Tür 72
Denkspiele für draußen - Mit der Nase voraus **73**
Bierdeckel Fährte 75

Schatz suchen - und finden . . . 76
Wo bin ich? 77
Handschuh verloren 79
Denkspiele für Draußen - Bewegung ist das A und O . . 81
Nasenstupser. 82
Das Automatenspiel 83
Clicker-Training 84
Exkurs: Clicker-Training für Einsteiger - die Grundkommandos. . . . 84
Zirkustrick als Spiele. 90
Verbeugen 90
Männchen machen 92
Schäm' dich 93
Kopf auf den Boden legen. 95
Aus dem Stand hochspringen . . 96
Keks-Balance-Übung 97
Give me Five. 98
Pfoten über Kreuz legen 100
Rolle machen 102
Krabbeln. 103
Pfoten abputzen 104
Toter Hund 106
Sich im Kreis drehen 107
Teppich mit der Nase ausrollen. . 108
Nachwort 110

Einleitung

Hunde sind überaus soziale Lebewesen. Sie genießen es, mit uns Menschen zusammen zu sein. Außerdem sind Hunde die einzigen Tiere, die artfremde Lebewesen wie uns Menschen als vollwertigen Sozialpartner anerkennen. Das heißt, sie akzeptieren uns als ein Teil ihres Rudels. Wie die meisten Säugetiere sind Hunde sehr verspielt, vor allem, wenn sie noch jung sind.

Einer Studie der Universität Bristol zufolge scheint dieser Zeitvertreib auch einer Art Verhaltenstraining zu dienen. Welpen leben durch das Spielen ihre natürlichen Triebe aus und üben spielerisch verschiedene Verhaltensweisen. Dazu gehören Sozialverhalten, Belauern und Jagen, Angreifen sowie Fluchttechniken. Diese Verhaltensweisen werden später sehr wichtig, denn sie sichern das Überleben.

Die Bristol-Studie wurde mit 4.000 Hundebesitzern und ihren Tieren durchgeführt und hat gezeigt, wie wichtig Spiele tatsächlich für ein erfülltes Hundeleben sind. Vierbeiner, die nicht spielen, sind unterfordert und langweilen sich. Auch sind sie körperlich eingeschränkter. Kein oder zu weniges Spielen kann aber auch noch andere Folgen haben. Bei vielen Hunden wurden destruktive Verhaltensweisen wie Aggressionen, übermäßige Unruhe, ständiges Betteln um Aufmerksamkeit und scheinbar grundloses Bellen verzeichnet.

Tierexperten auf der ganzen Welt sind sich einig: Spielen ist wichtig. Sowohl für das körperliche als auch für das geistige und emotionale

Wohnbefinden eines Hundes. Es verschafft ihm Bewegung und zugleich werden seine mentalen und sozialen Fähigkeiten trainiert.

Besonders für ängstliche Hunde hat dies große Vorteile. Ihr Selbstvertrauen wächst und sie lernen, sich zu behaupten. So entwickeln sie sich, mit Ihrer Unterstützung, zu einem glücklichen und liebevollen Gefährten. Aber auch Hunde, die als Draufgänger gelten, können durch die richtigen Spiele lernen. Nämlich, sich zurückzunehmen, Regeln zu befolgen und sozialen Strukturen zu respektieren.

Menschen und Hunde haben übrigens ein sehr ähnliches Spielverhalten, und beide Spezies müssen aktiv sein, um geistig und körperlich fit zu bleiben. Was liegt also näher, als Spaß und Notwendigkeit zu verbinden und im gemeinsamen Spiel die Verhaltensweisen des Hundes zu stärken, die wir uns von ihm wünschen?

Ihr Hund wird sich jederzeit über ein gemeinsames Spiel freuen. Am naheliegendsten ist es, beim Spazierengehen, im Garten oder im Hundepark. Doch wenn es das Wetter draußen nicht zulässt, können viele Spiele auch ins Haus verlegt werden. Sie werde überrascht sein, wie gut es auch mit wenig Zeit- und Platzaufwand funktioniert! Am Ende ist es auch egal, für welche Art des Spiel Sie sich entscheiden. Hauptsache ist, alle Beteiligten haben Spaß daran.

In diesem Buch finden Sie alles, was nötig ist, um sich und Ihrem Hund in Zukunft wunderbare gemeinsame Spielmomente zu verschaffen. Sie werden lernen, auch mit wenigen Mitteln ganz einfache, neue und kreative Spiele durchzuführen, die Ihren Hund geistig beschäftigt halten und ihn fördern. Viel Zeit oder eigene Kreativität benötigen Sie nicht. Dafür sind wir da. Denn dieses Buch gibt Ihnen viele Anleitungen und Tipps an die Hand. Probieren Sie es aus. Ihr Hund wird es Ihnen danken.

Mit Hundespielen zum Hundeglück

Experten sind der Meinung, dass das Spielen der wertvollste Schlüssel zum Hundeglück zu seinem Herzen ist. Ein Hund, der ausreichend unterhalten wird und Spaß hat, lebt stressfreier. Stress durch Spiele abzubauen, verhindert nicht nur unerwünschte Verhaltensweisen wie Aggression oder übermäßiges Bellen. Es trägt auch maßgeblich zur Gesundheit von Hunden (und Menschen) bei. Weniger Stress bedeutet weniger Herzprobleme, weniger Atemwegserkrankungen und eine längere Lebensdauer. Zudem unterstützen vielseitige Spieltechniken die Entwicklung einer liebevollen, natürlichen Hundepersönlichkeit.

1. Körperliche Gesundheit

Aktives Spielen unterstützt die Gesundheit Ihres Hundes. Es stärkt sein Herz, schmiert seine Gelenke und verbessert seine Koordination, Kondition und das Gleichgewicht. Mehrere Spielzeiten am Tag mit ausreichender Bewegung sorgen für einen höheren Kalorienverbrauch. Sie können sogar für eine erhebliche Verlängerung der Lebensdauer sorgen. Das trifft übrigens auch auf uns Menschen zu. Die gemeinsame Bewegung und der Spielspaß haben auch einen positiven Effekt auf unsere Gesundheit! Sich ganz nebenbei durch das Toben mit unserem Hund fitzuhalten, klingt doch nach dem perfekten Trainingsplan …

2. Geistige Gesundheit

Nicht nur die körperliche Fitness ist wichtig. Jeder Hund sollte auch mental gefordert werden. Spielen ist die beste Methode dafür. Es hält Hunde geistig fit und kann bei älteren Tieren Demenz verhindern oder wenigstens hinauszögern. Hundespiele mit einem mentalen Fokus stimulieren das Gehirn. Spielregeln befolgen zu müssen, stärkt aber nicht nur die geistige Wachheit, sondern auch die Bereitschaft, generelle Regeln und Grenzen zu akzeptieren.

3. Aufbau einer liebevollen Bindung

Jedes Spiel mit Ihrem Hund, selbst wenn Sie dafür nur ein paar Minuten am Tag haben, stärkt das liebevolle Verhältnis zwischen Ihnen und Ihrem Hund. Egal, ob beim Frisbee-Spiel im nahen Park, beim Schnüffeln auf dem gemeinsamen Spaziergang um den Block oder dem Memory-Spiel im Wohnzimmer – Sie beide sind sich in dieser Zeit besonders nahe und können ihre Verbindung und Freundschaft zueinander stärken. So bauen Sie Vertrauen und Loyalität auf.

4. Soziales Verhalten

Beim Spielen mit Ihnen, Ihrer Familie oder mit seinen Artgenossen lernt Ihr Hund soziale Kompetenzen. Er lernt die Grundregeln des täglichen Zusammenlebens und erfährt die Konsequenzen, je nachdem, ob er sie befolgt oder nicht. Hunde, die viel mit Menschen und anderen Hunden spielen, sind sozial verträglicher und geraten weniger in Streitigkeiten. Ihnen fällt es leichter, soziale Regeln und Gegebenheiten zu akzeptieren. Diese Tiere können außerdem deutlich schneller Konflikte untereinander lösen und leben daher deutlich entspannter in sozialen Strukturen.

5. Abbau von Stress und Ängsten

Wenn Ihr Hund lange allein ist, während Sie arbeiten, hilft eine Spielzeit vor der Arbeit und nach Feierabend, seine Nerven zu beruhigen und sich sicher zu fühlen. Das gleiche gilt für Ihren eigenen Stressabbau. Spielen lastet nämlich aus. Ihren Hund wird es müde machen und Sie kommen auf andere Gedanken als die Arbeit. Ein vom Toben erschöpfter Hund bleibt grundsätzlich entspannter allein als ein unausgelasteter Hund. Spielen vertreibt auch Ängste und mögliche Depressionen, denn der Hund bekommt bei Erfolgen ein positives Gefühl von sich selbst.

5. Spielen macht glücklich

Beim Spielen wird eine Vielzahl an Hormonen ausgeschüttet. Unter anderem Dopamin, welches auch als „Glückshormon" bezeichnet wird. Aber auch Endorphine und Adrenalin rütteln den Körper des Hundes beim Spielen ordentlich durch. Sie bringen Aufregung und Spaß, bis hier zur Euphorie. So kann der Körper besser heilen, gesünder bleiben und die mentale Gesundheit bleibt stabil.

Mit einfachen Mitteln die Verbindung zu Ihrem Hund stärken

Erwartet Ihr Vierbeiner Sie bereits an der Tür, wenn Sie abends nach Hause kommen, und präsentiert Ihnen sein Lieblingsspielzeug? Dann freut es ich bereits darauf, dass Sie sich Zeit für ihn nehmen. Selbst wenn Sie einen stressigen Tag hatten, sollten Sie sich darauf einlassen. Schon ein paar Minuten reichen aus, um Ihrem Hund das Gefühl zu geben, dass Sie ihn lieben und umsorgen. So einfach ist es. Und wenn wir ehrlich sind, ist es auch für uns Menschen eine schöne Art, den Alltagsstress abzuschütteln, wenn wir uns auf die Freude unseres Hundes konzentrieren.

Wenn ein Hund den ganzen Tag allein zu Hause ist

Was würden Sie tun, wenn Sie den ganzen Tag zu Hause eingesperrt wären, ohne eine vernünftige Beschäftigung? Würden Sie stundenlang brav auf dem Sofa sitzen und warten? Wahrscheinlich nicht. Auch Sie würden sich etwas suchen, um Ihre Langeweile zu besiegen. Hunde sind nicht anders. Sie sind intelligent und wenn sie nichts zu tun haben, verschaffen Sie sich ihre eigenen Glückserlebnisse. Das kann vom Schuhe Kauen bis zum Umgraben der Gartenbeete gehen. Regelmäßiges Spielen mit Ihrem Liebling ist eine einfache Möglichkeit, solche unerfreulichen Verhaltensweisen gering zu halten. Ein Hund, der sich müde gespielt hat, wird sich lieber in seinem gemütlichen Hundebett ausstrecken und kein großes Interesse mehr an Ihren Vorhängen oder Sofakissen zeigen.

Wie oft und wie lange sollten Sie mit Ihrem Hund spielen?

Eine genaue Zeitangabe oder goldene Anleitung gibt es dafür nicht. Es hängt auch von Faktoren, wie dem Alter des Hundes ab, seinen bisherigen Erfahrungen und seinem körperlichen Gesundheitszustand. Für viele Tiere reicht es schon aus, wenn Sie sich zweimal täglich 5 bis 10 Minuten Zeit nehmen. Spielen Sie nur wenige Spiele pro Woche und geben Sie Ihrem Hund eine kleine Auswahl aus seiner Spielzeugkiste. Wechseln Sie diese Spiele dann wöchentlich, um es abwechslungsreich zu gestalten. Sie können auch ein paar seine beliebtesten Spielzeuge verstecken und ihn dann danach suchen lassen. Sie brauchen etwas Ruhe, wollen Ihren Hund aber nicht unbeschäftigt lassen? Kein Problem: Besorgen Sie Spielzeuge, die ihn während dieser Zeit allein beschäftigen – oder nutzen Sie die Spiele im DIY-Teil dieses Buches.

Die beste Spielmotivation: Futter

Hunde haben einen natürlichen Jagdinstinkt und strengen sich gerne an, um sich ihr Futter zu erarbeiten. Selbst Hunde, die keinen starken Spieltrieb haben, kann man häufig mithilfe von Futter zum Spielen animieren. Gleichzeitig ist es eine perfekte mentale Übung, wenn der Hund dabei noch seine Nase zum Erschnüffeln des Futters einsetzen kann. Intensives Schnüffeln strengt Hunde enorm an und Experten behaupten, dass 10 Minuten davon 1 Stunde Spaziergang ersetzen können. Das können Sie gut bei schlechtem Wetter nutzen, oder an einen Tag, an dem es an der Zeit mangelt.

Hundespiele aus wissenschaftlicher Sicht

Warum spielen Hunde so gern?

Tierexperten fragen sich schon seit langem, warum Welpen und auch erwachsene Hunde so gerne miteinander spielen. Es scheint, als habe das Spielen mehrere Funktionen. Eine Studie der „School of Veterinary Studies" von der Universität Edinburgh untersuchte einige Theorien darüber. Im Folgenden möchte ich Ihnen diese kurz vorstellen, um Ihnen zu zeigen, wie vielfältig der Nutzen von Hundespielen sein kann.

1. Theorie: wichtige Fähigkeiten stärken

Welpen, die einander jagen, herumtollen und in spielerischen Kämpfen ihre Kräfte messen, erlernen wichtige Fähigkeiten, die als erwachsener Hund relevant sind. Im Spiel werden unter anderem alle Fähigkeiten gestärkt, die später bei der Nahrungsbeschaffung, also der Jagd, helfen werden. Dazu gehören das Lauern und Anschleichen, sich Jagen, Packen und zu Boden Drücken. Auch der direkte Kampf wird geübt. In der Natur müsste ein Hund um lebenswichtige Ressourcen wie Futter, Wasser, Sexualpartner und Territorien kämpfen. Alles, was der Hund dafür braucht, kann er im Spiel lernen und üben.

2. Theorie: unerwartete Situationen meistern

Laut einer weiteren Theorie hilft es den Tieren, mit unerwarteten Geschehnissen umzugehen. Dieser Theorie nach schaltete das Gehirn beim Spielen oft um und der Hormonspiegel verändert sich. Der Körper gewöhnt sich also an schnelle Veränderungen. Außerdem üben die Hunde, ihren Körper immer im Gleichgewicht zu halten und, auf überraschende, erschreckende Situationen angemessen zu reagieren. Diese Theorie würde erklären, warum sich viele Hunde erst einmal zurücknehmen und sich auch mal selbst benachteiligen. Dies kann zum Beispiel geschehen, um das Spiel mit einem schwächeren Gegenüber am Laufen zu halten. Es könnte aber auch als Training betrachtet werden, welches sie vielleicht einmal benötigen, um echte Aggressionen zu entschärfen.

3. Theorie: kooperative, soziale Beziehungen aufbauen

Einer dritten Theorie zufolge ist der Kern des Spielens die Förderung des sozialen Zusammenhalts zwischen den Hunden. Sie können auf spielerischer Basis als Gruppe zusammenarbeiten und soziale Beziehungen aufbauen. Dies gilt auch für die Interaktion mit Menschen. Es geht dann darum, kooperative Beziehungen aufzubauen. Nicht darum, die Rangfolge zu hinterfragen oder zu verändern.

Ein Hormon, welches wir alle beim Spielen ausschütten, ist das Oxytocin. Das sogenannte Bindungs- oder Kuschelhormon sorgt dafür, dass wir eine engere Bindung zueinander aufbauen. Spielen schweißt also zusammen und ist daher sehr wichtig für jeden Hundebesitzer.

Spieltraining: je früher, desto besser

Wir wissen nun, gemeinsames Spiel hat viele Vorteile. Es birgt aber immer auch ein Risiko für Verletzungen, wenn es zu wild wird. Hunden müssen daher bereits in jungen Jahren ausreichende Spielmöglichkeiten angeboten werden. Damit sie lernen, sich als erwachsene Hunde im Spiel angemessen zu verhalten. Dabei ist die sogenannte Sozialisierungsphase die wichtigste im Leben eines Hundes. Diese Phase geht ca. von der 8. bis zur 20. Woche seines Lebens. Bestenfalls hat ein junger Hund in dieser Zeit die Möglichkeit mit vielen unterschiedlichen Hunden zu spielen. Wenn ihre „Spieldates“

dann noch von uns Menschen gut und kompetent begleitetet werden, hat der Welpe später nur Vorteile davon. Für ihn wird der Umgang mit anderen Hunden dann normal und entspannter und alle können ihre Kräfte besser einschätzen.

Leben im Hier und Jetzt – Spaß haben ohne Sorgen

Hunde mögen manchmal unbeholfen erscheinen, wenn sie selbstvergessen ihren eigenen Schwänzen hinterherjagen, oder über ihre Pfoten stolpern. Doch man sollte sie keinesfalls unterschätzen. Hunde haben andere Stärken als wird. Zum Beispiel gehen sie, wenn sie einer Situation ausgesetzt sind locker damit um, ohne alles zu hinterfragen. Hunde leben im Hier und Jetzt. Die Zukunft spielt für sie keine Rolle. Man kann also auch sagen: Sie genießen jeden Tag so, wie er kommt und machen sich wenige Sorgen. Davon können sich manche Menschen eine dicke Scheibe abschneiden.

Emotional und intelligent

In emotionaler Hinsicht sind Hunde sehr intelligent: Sie können sie menschliche Emotionen wahrnehmen. Neuere Forschungen bestätigen beispielsweise, dass sie unterscheiden können, ob ein Mensch einen glücklichen oder wütenden Gesichtsausdruck zeigt. Schon lange ist zudem bekannt, dass Hunde, als eines von nur wenigen Säugetieren, Zeigegesten verstehen. Ein Hund erkennt also, dass er dorthin laufen soll, wenn ein Mensch auf eine Position zeigt, an der beispielsweise ein Stock, Ball oder Futter versteckt sind.

Neuesten Untersuchungsergebnissen zufolge finden sie aber auch schnell heraus, wenn diese Gesten irreführend sind. Sie können spüren, ob und in welchem Maße jemand vertrauenswürdig ist. Hat ein Hund entschieden, dass ein Mensch nicht zuverlässig ist, wird er keinen seiner Hinweise mehr beachten. Das sollten wir bei unseren Spielen immer im Hinterkopf haben. In der Zeitschrift „Animal Cognition“ wurden die Ergebnisse dieser Studie ausführlich besprochen.

Hunde haben es gerne überschaubar und vorhersehbar

Die bereits erwähnte Studie der Universität Bristol in Großbritannien betont, dass Hunde es vorziehen, wenn ihr Tagesablauf vorhersehbar ist. Mit Unregelmäßigkeiten im täglichen Leben können sie nur schwer umgehen und sie werden nach alternativen Möglichkeiten zur Bewältigung der Situation suchen. Wenn sie ihre Umgebung gar nicht mehr einschätzen können und nicht wissen, was als Nächstes geschehen wird, kann das stressbedingt zu Verhaltensstörungen führen.

Ganz und gar nicht kopflos

Weiteren Studien zufolge unterliegen viele Hunde der Faszination des Neuen. Zeigen wir ihnen ein neues Spiel oder geben ihnen eine neue Aufgabe, können sie es meistens nicht abwarten, diese auszuprobieren. Hunde hören oder schauen aber nicht gedankenlos zu. Sie bewerten alles, was wir ihnen sagen oder vormachen danach, ob es ihnen hilft, ihr Ziel zu erreichen. Wenn nötig, nehmen sie vorhandene Erfahrungen und Erinnerungen zur Hilfe. So erklärt es sich, dass sie unsere Gesten ignorieren, wenn wir absichtlich in die falsche Richtung zeigen. Die versteckte Belohnung finden sie dann aus dem Gedächtnis heraus, eben dort, wo sie schon des Öfteren fündig geworden sind.

Spiele als Bindeglied zwischen Hund und Mensch

Die positiven Effekte des Spielens und der Bewegung wirken sich nicht nur getrennt auf Hund und Mensch aus. Der wahre Zauber ergibt sich daraus, dass Sie diese Aktivitäten gemeinsam mit Ihrem besten Freund erleben und dass Sie sich gegenseitig motivieren. Zum Beispiel würden Sie ohne Ihren Vierbeiner nie so viel Bewegung erhalten: Untersuchungen zufolge laufen Hundebesitzer täglich mindestens 22 Minuten am Tag. Das ist länger, als der deutsche Durchschnittsbürger ohne Hund zu Fuß unterwegs ist. Und wir alle wissen, welchen positiven Effekt Bewegung an der frischen Luft für unseren Körper hat.

Gemeinsames Spielen mit dem sorgt unter anderem auch dafür, dass wir unsere ängstlichen Hunde selbstbewusster machen können. Mit den richtigen Übungen haben wir außerdem bald einen fröhlichen Helfer im Haushalt.

In diesem Abschnitt lesen Sie noch mehr über die (gemeinsamen) gewinnbringenden Auswirkungen von Hundespielen. Außerdem erfahren Sie, auf welche Gefahren zu achten ist – bevor es dann mit den Schritt-für-Schritt-Anleitungen endlich losgehen kann!

Gassi gehen – die tägliche Pflichtübung unterhaltsam gestalten

Es gibt Hunde, die selbst nach einem stundenlangen Spaziergang noch nicht ausgelastet sind. Sie als Hundehalter haben aber das Gefühl, auf dem Zahnfleisch zu laufen. Wenn er danach nicht ausgelastet zu sein scheint, langweilt sich Ihr Hund womöglich, während Sie beide nebeneinander herlaufen und jeder so seinen Gedanken nachgeht. Ist ihm der Spaziergang zu fade, kann es sein, dass Ihr Hund sich unterwegs eine spannendere Beschäftigung ausdenkt: wie das Jagen von Radfahrern oder die Verfolgung von spannenden Fährten ins Unterholz. Das kann wiederum ziemlich stressig und sogar gefährlich werden. Die gute Nachricht ist, Sie können dem mit recht einfachen Mitteln entgegenwirken.

Zum einen kann man als Hundehalter dafür sorgen, dass sich in regelmäßigen Abständen die Route ändert. Hunde lieben es, die Welt zu erschnüffeln. Doch irgendwann wissen sie genau, wie es an jedem Baum und Strauch riecht. Sie kennen dann den Weg. Ein neuer Spazierweg schafft neue Eindrücke. Ihr Hund wird wieder aufgeregt herumrennen und alles Neue in sich aufnehmen. Vermutlich kann er es zu Hause dann kaum mehr erwarten, ein Nickerchen zu machen.

Außerdem können Sie sich abwechslungsreiche Hundespiele überlegen, die Sie während des Gassigehens veranstalten, quasi nebenbei, wenn Sie ohnehin schon unterwegs sind. Dieses Buch versorgt sie mit einer Vielzahl von Spielen für alle Gelegenheiten, die nur darauf warten ausprobiert zu werden.

Ist das aber ein Wetterchen

Übrigens, schlechtes Wetter wie Regen oder Schnee sind keine Ausrede dafür, dass nicht gespielt werden kann. Hundespiele, die Ihren Hund auslasten, lassen sich auch sehr gut in der Wohnung oder im Haus spielen. Zwar muss man sich hier an gewisse Platzverhältnisse anpassen und es ist nicht jedes Spiel indoor-geeignet, aber es gibt sehr viele Möglichkeiten. Eine „schlechte" Nachricht bleibt jedoch: Spätestens, um sein Geschäft zu verrichten, muss jeder Hund einmal vor Tür. Auch bei richtig miesem Wetter.

Der Langeweile entgegenwirken

Wie bereits mehrfach erwähnt, können sich Hunde genauso langweilen wie wir Menschen. Die einen können damit besser umgehen als andere, und auch Langeweile sollte mit jedem Hund einmal geübt werden. Sie sollte aber keinesfalls ein Dauerzustand sein. Es ist wichtig, dass Ihr Hund Beschäftigungsmöglichkeiten hat. Wenn er gleichzeitig auch etwas lernen kann, umso besser für alle Beteiligten.

Spielend leicht erziehen

Hundespiele können ein wichtiger Bestandteil bei der Erziehung sein. Zum Beispiel können die Basis-Signale wie „Sitz" und „Bleib" oder „Nein" ganz nebenbei einbezogen werden. So hat auch der Hund Spaß daran, sie regelmäßig zu wiederholen. Gleichzeitig lernt er, dass das, was er tut, Sie erfreut. Und welcher Hund möchte nicht seinem Lieblingsmenschen gefallen? Vielleicht springt ja sogar eine Belohnung dabei heraus? So festigen Sie die einzelnen Signale auf unterhaltsame Weise, ohne dass er merkt, dass Sie ihn erziehen und trainieren.

Ängstliche Hunde

Auch der neugierigste Hund, der mit viel Enthusiasmus in der Natur herumschnuppert und die Parkwiesen unsicher macht, hat möglicherweise Ängste vor gewissen Dingen. Er kann sich zum Beispiel vor bestimmten Geräuschen, Gerüchen, vor Menschen, Tieren oder anderen Dingen, die ihm persönlich gefährlich erscheinen, fürchten. Jeder Hund ist anders. Einige werden schon als Angsthasen geboren, andere entwickelt Ängste erst aufgrund unangenehmer Erfahrungen.

Die Persönlichkeit eines Hundes hängt aber nicht nur von seinen Erfahrungen ab, sondern auch von seiner Rasse, seiner genetischen Veranlagung und seinem individuellen Charakter. Der eine ist vorsichtiger in einer fremden Umgebung, der andere reagiert ängstlich auf Kinder oder Fahrräder. Die meisten Hunde fürchten sich vor unerwarteten, lauten Geräuschen wie Silvesterböllern. Es ist wichtig, dass wir uns Zeit nehmen, um herauszufinden, was ihn ängstigen könnte und wie wir ihm die jeweilige Situation erleichtern können.

Spiel ist angstlösend

Wir können unserem Hund das Leben erleichtern, indem wir Spiele therapeutisch einsetzen. So kann er beim Spaß haben seine Ängste überwinden. Schon die glücklich machenden Hormone, das Spielen im Körper ausschüttet, können Unsicherheiten auflösen und unsere Hunde mutiger und selbstsicherer machen. Oft sind Spiele dabei sogar erfolgreicher als andere, traditionellere Therapie-Methoden. Mit der richtigen Auswahl kann es uns gelingen, einem ängstlichen und vielleicht traumatisierten Hund wieder Freude, Sicherheit und Liebe zu vermitteln.

Wie unterstützen Sie einen ängstlichen Hund spielerisch?

Es ist wichtig, den Hund das Spiel führen zu lassen. Schimpfen, wenn er nicht das macht, was wir uns gerade vorstellen, hilft überhaupt nicht. Ganz im Gegenteil, es wird den Hund nur noch unsicher und ängstlicher machen. Wir müssen ihn zum Spielen einladen. Reagiert er eher abwehrend und will lieber sein eigenes Ding machen, ist das auch in Ordnung. Es ist wichtig, die Reaktion und den Willen des Hundes zu respektieren. Das ist eine Herausforderung für jeden Hundehalter. Hier helfen Geduld und Einfühlungsvermögen. Sich vielleicht einmal in den Hund hineinzuversetzen, kann helfen, mit diesen Situationen verständnisvoller umzugehen. Therapeutische Spiele zeichnen sich dadurch aus, dass sie die Gleichberechtigung und Selbstbestimmtheit des Hundes unterstreichen. Das heißt, er darf frei entscheiden und selbst bestimmen. Das Spiel selbst sollte unaufgeregt sein und es sollte eine spielerische Kommunikation herrschen. So lässt sich für das nächste Spiel Vorfreude aufbauen, die stärker ist als die Angst.

Bewegungsspiele helfen, Übergewicht zu vermeiden oder abzubauen

Es macht fast keinen Unterschied, ob Sie mit Ihrem Hund im Park spazieren gehen, den Strand entlang joggen, ihn am Badesee einem Spielzeug hinterher schwimmen lassen oder ob Sie bei schlechtem Wetter gemeinsam einmal treppauf, treppab durchs Haus laufen.

Die Vorteile, die Sie und Ihr Hund aus regelmäßigen körperlichen Aktivitäten ziehen, sind grenzenlos: Das Herzkreislauf-System wird gestärkt, ebenso die mentale Wachsamkeit. Auch die Gelenke und Muskeln werden fit gehalten. Damit verbessert sich die Mobilität und der Bewegungsapparat bleibt gesund bis ins hohe Alter.

Ganz nebenbei wird der Stoffwechsel angeregt, es kommt zu einem erhöhten Kalorienverbrauch. Wenn Sie Ihrem Hund regelmäßige Bewegung verschaffen, hat Fettleibigkeit keine Chance. Als positiven Nebeneffekt wirken Sie damit Depressionen und Burnout entgegen. Besser als jede Anmeldung in einem Fitnessstudio, oder nicht?! Denn bei dieser Art von Sport verbringen Sie Zeit mit ihrem besten Freund.

Hat Ihr Hund bereits mit Übergewicht zu kämpfen? In diesem Fall müssen Sie vorsichtig an die Bewegungsspiele herangehen. Sie wollen ja, dass Ihr Hund von seinem Übungsprogramm profitiert, ohne überfordert zu werden oder gesundheitlichen Schaden zu nehmen. Hier kann es ein guter Weg sein, einen Tierarzt oder Ernährungsberater für Hunde aufzusuchen.

Wie beim Menschen belastet Übergewicht auch bei Hunden den gesamten Bewegungsapparat. Gelenke, Bänder und Sehnen werden stark belastet. Hunde, die nicht täglich aktiv sind, verlernen es, ihre Muskulatur optimal zu koordinieren. Wenn Sie einen solchen Hund plötzlich über das gemeinsame Spiel einem übersteigerten Bewegungstraining aussetzen, kann es zu einem Kreuzbandriss, zu Lahmheit und Gelenkverletzungen kommen. Besser ist es, einen inaktiven Hund langsam an mehr Bewegung zu gewöhnen, die Sie jederzeit kontrollieren können.

Überhitzung bis hin zum Hitzeschlag können tödlich sein!

Hunde sind besonders gefährdet, zu überhitzen. Sie sind nicht sehr gut darin, überschüssige Wärme zu regulieren, denn sie können nicht schwitzen wie wir Menschen. Wenn unsere Körpertemperatur sich erhöht, schwitzen wir, um diese wieder zu senken. Hunde haben diese Option nicht. Um Wärme abzuleiten, müssen sie Hecheln. Wenn sie überhitzen, kann es zum Hitzeschlag kommen, den viele Hunde nicht überleben. Sie sollten also, auch bei Hunden die topfit sind, immer darauf achten, dass das Spiel und die Bewegung das Leistungsniveau nicht überschreitet.

Auch die Wetterverhältnisse sollten bei jedem Spiel berücksichtigt werden. Bei sommerlichen Temperaturen sollten wir auf ruhigere, bewegungsärmere Spiele zurückgreifen und nicht in der prallen Sonne herumrennen.

Lassen Sie es langsam angehen

Gehen und Schwimmen an der Leine sind sichere Übungen für den Anfang. Spiele, bei denen Ihr Hund springen oder schnell rennen muss, sollten Sie zunächst vermeiden, wenn Sie ihn erst wieder an mehr Aktivität gewöhnen. Erweitern Sie die Spiele Schritt für Schritt, sodass Ihr Hund mithalten kann, den Spaß nicht verliert und sein Körper sich an die erhöhte Aktivität gewöhnen kann.

Hundespiele schärfen den Geist und verbessern die sozialen Fähigkeiten Ihres Hundes

Gemeinsame spielerische Aktivitäten mit festen Regeln halten nicht nur den Körper und alle Systeme Ihres Hundes fit und gesund. Sie helfen auch dabei, seinen Geist zu schärfen und konzentriert zu halten. Gleichzeitig trainiert er beim Spiel mit Menschen oder anderen Hunden seine sozialen Fähigkeiten. Er lernt, vorgegebene Grundregeln einzuhalten. Futter- und Suchspiele gehören in diese Kategorie. Immer wieder können wir aber auch Gehorsamsübungen mit einbauen und so auch diese Regeln weiterhin spielerisch festigen.

Haushaltshilfe Hund

Hunde brauchen einen Job. Sie lieben es, einfache Aufgaben im täglichen, gemeinsamen Leben zu übernehmen. Man kann ihnen ganz leicht im Alltag einen Job bieten und sie dadurch stärker auslasten. Bringen Sie ihrem Hund zum Beispiel bei, Türen oder Schubladen auf ein Signal zu öffnen oder wieder zu schließen. Er kann auch lernen, das Licht an- und auszuschalten, die Zeitung aus dem Briefkasten zu holen oder Ihre Einkäufe ins Haus tragen. Er wird es lieben, Sie auf diese Art zu unterstützen. Er wird nicht nur auf einfachste Weise beschäftigt, sondern kann sich nützlich fühlen. Und wir alle wissen, dass es schön ist, sich nützlich und gebraucht zu fühlen.

Lassen Sie Ihren Hund sein Futter erarbeiten

Futter- und Intelligenzspielzeug sind sehr gut geeignet, um Ihren Hund geistig auszulasten. Sie können jedes innen hohle Spielzeug dafür nutzen. Füllen Sie es mit Leckerlis und lassen Sie Ihren Hund herausfinden, wie er sie erreichen kann. Ob durch Rollen, Schütteln oder welche Aktion auch immer. Die Lösung dieser Aufgabe wird seinen Geist fordern und die Belohnung folgt auf dem Fuße - sobald er herausgefunden hat, was zu tun ist. Während Ihr Hund beschäftigt ist, sollten Sie jedoch seine Vorgehensweise beobachten und ihn nur mit solchem Spielzeug allein lassen, bei dem keine Gefahr droht, dass er sie zerstört oder sich daran verletzt. Wichtig bei solchen Spielsachen ist, dass ihr Hund allein auf die Lösung kommen sollte. Sie können ihm aber anfangs gerne helfen, um Frust zu vermeiden und um den Spaß aufrecht zu erhalten.

Die richtige Ernährung kann Wunder wirken

Bis ins hohe Alter gesund zu bleiben, hängt bei uns Menschen unter anderem von der richtigen Ernährung ab. Bei Hunden ist das nicht viel anders. Wenn das tägliche Futter alle wichtigen Nährstoffe wie Mineralien, Vitamine, Antioxidantien und essenzielle Fettsäuren, beispielsweise Omega-3 Fettsäure enthalten, kann sich das Gehirn gut entwickeln und hohe Leistungen erbringen. Antioxidantien sind unerlässlich im Kampf gegen die zerstörerischen freien Radikalen, die sich auf die gesunden Gehirnzellen stürzen und sie nach und nach zerstören. Dass Vitamine Gedächtnisverlust verhindern können, ist inzwischen allgemein bekannt. Die lebensnotwendigen Omega-3 Fettsäuren spielen unter anderem eine wichtige Rolle bei der kognitiven Entwicklung.

Unbestritten ist, dass eine Kombination von gesundem, nahrhaftem Futter und ausreichender Bewegung sowie mentaler Förderung wesentlich sind für die langfristige körperliche und geistige Gesundheit Ihres Hundes.

Worauf muss man beim Spielen als Hundehalter achten?

Es ist ratsam, nicht zu viele Spiele auf einmal anzusetzen. Wenn Sie ein neues Spiel einführen, achten Sie auch darauf, dass Sie nicht zu viele Übungsschritte auf einmal trainieren. Es besteht sonst die Gefahr, dass Ihr Hund überfordert ist. Überforderung führt zu Frust und dieser führt wiederum dazu, dass das Spielen generell keine Freude mehr bereitet. Somit hätten wir unser Ziel verfehlt. Bevor Sie also in eine neue Übung starten, sollten Sie sich jeden Schritt genau ansehen. Damit Sie wissen, wie das Spiel aufgebaut ist, was vom Hund erwartet wird und welche Signale Sie dafür verwenden wollen. Gehen Sie dann das Spiel langsam und so lange durch, bis Ihr Hund die Regeln verstanden hat. Bringen Sie ihm vor allem kein neues Spiel bei, solange er die Regeln des Letzten noch nicht verinnerlicht hat, um ihn nicht zu verwirren.

Vielleicht denken Sie dabei selbst einmal an eine Situation, in der sie etwas Neues gelernt haben und daran, wie unwohl man sich fühlt, wenn man nicht wirklich versteht, worum es geht. Wenn man aber alles kleinschrittig erklärt bekommt und es dann in Ruhe austesten darf, macht es viel mehr Spaß und niemand fühlt sich unwohl.

Belohnen Sie Ihren Hund, wenn er die Regeln einhält und seine Sache gut macht. Solche Belohnungen müssen nicht immer nur Leckerlis sein. Geben Sie ihm zum Beispiel eines seiner Lieblingsspielzeuge, die Sie vorher für ein paar Tage versteckt hatten. Loben Sie ihn mit

Worten und einem Lächeln auf den Lippen in den Himmel, oder zeigen Sie ihm Ihre Liebe durch Streicheleinheiten.

Nicht jeder Hund liebt alle Spiele gleichermaßen

Es kommt vor, dass ein Hund ein Spiel einfach nicht zu verstehen scheint. In diesem Fall beginnen Sie entweder von vorne oder versuchen Sie es in ein paar Tagen noch einmal. Wenn er nicht sofort begreift, was Sie von ihm wollen, reagieren Sie bitte auch nicht ungehalten. Vielleicht macht ihm dieses Spiel einfach keinen Spaß, oder es ist (noch) zu schwierig für seinen Entwicklungsstand. Es macht in so einem Fall Sinn, einmal genau hinzuschauen aus welchem Grund der Hund nicht zu verstehen scheint.

Was für den einen Hund leicht ist, empfindet ein anderer als schwierig. Genauso wie wir Menschen Vorlieben und Talente haben, besitzen auch unsere Hunde diese. Manchmal hängt es auch von der Rasse oder Größe ab, ob ein Spiel funktioniert. Ist der Hund groß, fällt es ihm vermutlich schwerer, über den Boden zu kriechen, als einem kleinen Hund. Es kann auch vorkommen, dass Ihr bester Freund ein Spiel so gar nicht mag und sich von daher schon automatisch schwertut, es zu verstehen. Ein anderer Hund liebt dieses Spiel vielleicht und folgt jeder neuen Regel mit Freude. Halten Sie sich immer vor Augen, dass das Spiel Ihnen beiden Spaß bereiten und Ihre Beziehung stärken soll. Wählen Sie lieber ein anderes aus, als etwas zu erzwingen.

Die Sache mit der Rangordnung

Wenn etwas Freude bereiten soll, muss nicht immer der Ranghöhere gewinnen. Stellen Sie sich einmal vor, Sie spielen mit einem Kind. Da Sie ja der Ältere, der Klügere und Stärkere sind, gewinnen immer nur Sie. Was würde das mit einem Kind machen? Ich glaube, da sind wir uns alle einig: Das Kind würde den Spaß am Spielen ganz schnell verlieren, sich wertlos und nutzlos fühlen und sich nicht gut entfalten können. Genauso geht es auch einem Hund, der immer nur verliert. Im besten Fall gibt es gar keinen Verlierer und Gewinner, sondern eine gemeinsame Ebene für alle.

Um dem Hund aber auch klarzumachen, dass Sie wissen, was Sie tun und er sich immer auf Sie verlassen kann, macht es Sinn, ganz klare Ansagen zu machen. Vermitteln Sie deutlich, was gespielt wird, wann das Spiel anfängt und wann Schluss damit ist. So unterstreichen Sie Ihre Glaubwürdigkeit als Führungsperson und halten Ihren Hund gleichzeitig davon ab, ständig Grenzen und Regelbrüche auszutesten. Wiederkehrende Rituale für den Start und das Ende eines Spiels schaffen einen klaren Rahmen für alle und helfen, eine schöne und entspannte Atmosphäre zu schaffen. Im Idealfall beenden Sie ein Spiel immer dann, wenn Ihr Hund noch spielfreudig und voller guter Laune ist, denn diese Stimmung nimmt er mit in die nächste Spieleinheit.

Denkspiele mit Wau-Effekt

Ich kann es nicht oft genug betonen: Egal, ob Ihr Tier jung und fit oder schon älter und behäbiger ist: Um ihn bis ins hohe Alter geistig und körperlich fit zu halten, müssen Sie mit ihm spielen, und zwar mehrmals pro Woche. Sie können ihm Hundespielzeug kaufen, selbst welches basteln oder miteinander spielen. Wofür auch immer Sie sich entscheiden und welche Möglichkeiten Ihre Zeit zulässt: Ihr Hund braucht Unterhaltung und er braucht gemeinsame Zeit mit Ihnen, dem Menschen, dem er am meisten vertraut.

Natürlich bietet sich ein täglicher Spaziergang an, bei dem Sie beide die überschüssige Energie auf angenehme Weise loswerden können. Ein Zwischenstopp im Park schafft die Möglichkeit für ausgiebiges Schnüffeln. Vielleicht trifft Ihr vierbeiniger Freund auch andere Hunde, mit denen er herumtollen kann. Oder Sie zaubern ein Hundespielzeug aus Ihrer Tasche. Eine gemeinsame Aktivität an der frischen Luft im Grünen ist ideal, um Stress abzubauen und ein neues Abenteuer zu erleben.

Doch es gibt auch jene Tage, an denen sowohl Sie als auch Ihr Hund den Aufenthalt im Freien am liebsten auf das Allernotwendigste beschränken würden. Wenn es so richtig in Strömen gießt, bei Schneematsch in den Straßen oder bei Glatteis spielt es sich viel angenehmer in der warmen, gemütlichen Wohnung. Ebenso sieht es an besonders heißen Sommertagen aus, wenn die Bürgersteige aufgeheizt sind und der Asphalt glüht.

Aber keine Sorge: In diesem Buch finden Sie genügend Ideen, die Ihren Hund auch drinnen ausgiebig beschäftigen und die trüben Tage schöner machen.

Vorbereitung ist das A und O

Für das Spielen im Haus müssen Sie ein paar Vorkehrungen treffen. Zum einen, um die Sicherheit Ihres Vierbeiners nicht zu gefährden. Zum anderen, weil die Spiele selbst vorbereitet werden müssen.

Zuerst einmal sollten Sie alles aus dem Weg räumen, was in die Brüche gehen könnte. Sie wollen Spaß haben und sich nicht hinterher ärgern, weil eine teure Vase oder das gute Geschirr einem ungestümen Spielzeug-Jäger zum Opfer gefallen ist.

Wenn Sie planen, Ihren Hund mit einem Spielzeug zu erfreuen, achten Sie unbedingt darauf, dass dieses Spielzeug passend zu ihrem Hund ausgesucht wurde. Es sollte nicht zu klein oder zu groß sein. Sonst besteht die Gefahr, dass Ihr Hund es im Eifer des Gefechts hinunterschluckt. Oder er hat einfach keine Freude damit, weil er es nicht in sein Maul nehmen kann. Ebenso wichtig ist, dass das Spielzeug stabil ist. Kleinzeile, wie zum Beispiel Plastikstücke, könnten Ihren Hund verletzen, wenn das Spielzeug zu schnell beschädigt wird. Außerdem wäre es ja schade um das schöne Geschenk für Ihren Vierbeiner.

Überlegen Sie sich, was Sie spielen wollen und legen Sie sich alle Regeln und Abläufe zurecht, damit später alles glattgeht. Diese sollten immer den Gegebenheiten und dem Lernstand ihres Hundes angepasst sein, damit er nicht überfordert wird. Vor allem, wenn Sie Gehorsamsübungen einbauen und ihn geistig stark fordern, kann es schnell anstrengend werden. Gehen Sie deshalb in kleinen Schritten vor und halten Sie die einzelnen Übungen anfangs kurz. Es macht deutlich mehr Sinn, mehrere kleine Einheiten in den Tag einzubauen als eine große und lange. So bringen Sie Abwechslung in das Alltagsleben Ihres Hundes und lasten ihn aus, ohne ihn zu überlasten.

Je nach Spiel und Hund kann es sinnvoll sein, sich vorher etwas aufzuwärmen. Müde und kalte Muskeln verletzen sich schneller als warme und gedehnte. Und Muskelkater oder andere Verletzungen wollen wir tunlichst vermeiden, auch bei unserem Hund. Man kann zum Beispiel ganz langsam starten, dann immer schneller, höher, weiter spielen, um danach wieder einen Cool-Down zu machen. Oder man macht ein kleines Bewegungsspiel zum Aufwärmen, ein Denkspiel zum Durchstarten und noch ein kleines Bewegungsspiel zum Abkühlen.

Mit dieser Vorbereitung können die Spiele nun beginnen. Sie werden sehen, es wird nicht langweilig und Sie müssen auch nicht tief in die Tasche greifen. Sie müssen Ihrem Hund nur etwas Aufmerksamkeit schenken und sich mit ihm beschäftigen. Hunde lieben interaktive Spiele. Viel mehr brauchen sie nicht für ihr Wohlbefinden. Das sehen Sie am glücklichen Gesicht Ihres Hundes nach einer Runde Tauziehen, oder wenn er eine Aufgabe erfolgreich lösen konnte. Sie geben ihm damit etwas Sinnvolles zu tun. Ihr Hund wird es Ihnen mit Liebe danken.

Aufbau von Übungen

Natürlich ist jede Übung anders und man sollte sich den jeweiligen Aufbau vor dem Starten anschauen. Aber wenn man jedes Mal ein paar grundsätzliche Regeln beachtet, kann nicht mehr viel schiefgehen. Wichtig ist zum Beispiel, immer genügend Pausen einzubauen und den Hund nicht zu überfordern. Merke: Lieber mehrere kleine Einheiten als eine große pro Tag.

So können Sie immer vorgehen:

1. Alle benötigten Materialien bereitlegen
2. Genau überlegen, was der Hund tun soll
3. Übung in kleine Zwischenschritte aufteilen
4. Ruhige und passende Umgebung suchen oder schaffen
5. Generalisieren

1. Alle benötigten Materialien bereitlegen

Um das Training flüssig und ohne Störungen gestalten zu können, sollten Sie sich alle Materialien schon vor Beginn des Spiels beziehungsweise des Trainings zurechtlegen. So vermeiden Sie unnötige Unterbrechungen und Sie und Ihr Hund können sich von vornherein besser konzentrieren.

2. Genau überlegen, was der Hund tun soll

Um das bestmögliche Ergebnis zu erzielen ist es wichtig, dass wir uns als Menschen im Vorfeld einmal überlegen, WAS der Hund denn GANZ GENAU tun soll. Dabei helfen uns die sogenannten W-Fragen:

WAS soll er tun?
WO soll er dies tun?
WANN/ auf WELCHES Zeichen soll er reagieren?
WIE lange soll er etwas Bestimmtes machen?

Wenn wir diese 4 Fragen vorher beantworten, fällt es uns viel leichter, dem Hund auch genau DAS beizubringen - und dem Hund fällt es deutlich leichter zu verstehen, WAS wir von ihm möchten.

3. Übung in kleine Zwischenschritte aufteilen

Stellen Sie sich vor, Sie sollen ihr ganzes Haus oder ihre ganze Wohnung aufräumen und putzen. Alles auf einmal zu machen, wird Sie demotivieren und überfordern. Unsere Motivation kann steigen, wenn wir diese große Aufgabe in viele kleine Schritte einteilen. Also wir putzen erst das Badezimmer, dann den Flur, dann das Wohnzimmer. Auch innerhalb dieser Teilabschnitte kann man sich die Arbeitsschritte noch einmal aufteilen. Also im Bad zuerst die Dusche, dann die Wanne, dann das Wachbecken, dann den Boden …
So bleibt man motiviert, denn man erzielt sehr schnell (Teil-)Ergebnisse, behält den Überblick und kommt am Ende genauso ans große Ziel. Ebenso können Sie jede Übung mit Ihrem Hund in kleine Abschnitte einteilen und jeden davon in Ruhe trainieren, bis das große Ziel erreicht ist.

4. Ruhige und passende Umgebung suchen oder schaffen

Am besten lernt man in einer ruhigen, bekannten und entspannten Umgebung. Da sind uns Hunde sehr ähnlich. Beginnen Sie also alle Übungen und Spiele immer in genau solch einer Umgebung. So erzielen Sie und Ihr Hund mit Leichtigkeit und Spaß tolle Ergebnisse.

5. Generalisieren

Ganz am Ende, wenn alle Schritte einer Übung zusammenhängend in ruhiger, ablenkungsarmer Umgebung funktionieren, gehen Sie über zum sogenannten Generalisieren. Das bedeutet, dass man jetzt verschiedene Untergründe, andere Räume, Umgebungen, Entfernung, Ablenkungen und so weiter einbauen kann. Irgendwann kann Ihr Hund die Übung überall und jederzeit ausführen. Dann haben Sie gemeinsam erfolgreich generalisiert. Auch hier ergibt es definitiv Sinn, klein und leicht anzufangen und sich langsam in der Schwierigkeit zu steigern.

Denkspiele für drinnen – Mit der Nase voraus

Zu den unkompliziertesten aber durchaus effektivsten Spielen gehören die Schnüffelspiele. Mit diesen unterstützen Sie Ihren Hund nicht nur dabei, seine natürlichen Fähigkeiten wie das Erschnuppern von Nahrung zu entwickeln, sondern Sie ermüden ihn auch gleichzeitig. Hundeexperten sind sich einig: 10 Minuten intensives Schnüffeln kann, bezogen auf die Anstrengung, 1 Stunde Spaziergang ersetzen. Diese intensive Schnüffelarbeit kann Hunde extrem auslasten und somit entspannen. Schnüffeln baut außerdem nachweislich Stresshormone ab und ist gleichzeitig eine der natürlichsten Bedürfnisbefriedigungen und Beschäftigungen, die wir unseren Haustieren bieten können. Ein anderer großer Vorteil: Schnüffeln kann jeder Hund, der eine gesunde Nase hat. Also ist es auch für diejenigen sehr gut geeignet, die zum Beispiel in ihrer Bewegung oder in der optischen oder akustischen Wahrnehmung eingeschränkt sind.

Leckerli suchen

Wählen Sie ein paar Lieblings-Leckerlis Ihres Hundes aus und lassen ihn dabei zusehen, wie Sie diese im Zimmer verstecken. Wenn er es noch nicht schafft, mit einem „Bleib“ zu warten, bis Sie fertig sind, nehmen Sie sich eine Hilfsperson, die den Hund festhält oder leinen Sie ihn an. Dann gehen Sie zu Ihrem Hund zurück und geben Sie Ihm das Signal zum Starten, zum Beispiel: „Such die Leckerlis!“.

Je häufiger Sie dies üben, desto leichter wird das „Bleib“ für Ihren Hand. Nach einigen Durchgängen werden sie die Hilfsmittel zum Festhalten nicht mehr brauchen. Der Hund wird nun von ganz allein warten, bis Sie wieder bei ihm sind und ihm das Startsignal geben. Immer wenn er ein Leckerli findet, dürfen Sie ihn natürlich auch loben, denn er hat etwas Großartiges geschafft.

Anfangs dürfen die Leckerlis gerne noch sichtbar sein. So, dass Ihr Hund sie wirklich schnell findet und ein schnelles Erfolgserlebnis gewinnt.

Steigerung 1: Nach und nach werden die Leckerlis besser versteckt. Sie sind nun nicht mehr sichtbar. So muss Ihr Hund immer mehr seine Nase einsetzen.

Steigerung 2: Wählen Sie schwieriger zu erreichende Verstecke. Zum Beispiel können Sie etwas über oder auf seiner Augenhöhe verstecken, sodass Ihr Hund mehr als nur den Boden absuchen muss.

Steigerung 3: Wenn Ihr Hund verstanden hat, worum es bei dieser Übung geht, können Sie den Schwierigkeitsgrad noch steigern, indem Sie ihn in einem anderen Raum warten lassen, während Sie die Leckereien verstecken.

Steigerung 4: Noch spannender können Sie es machen, wenn Sie die Leckereien in einem Behälter (zum Beispiel einem Karton) verstecken, in den der Hund nicht einfach so mit seiner Zunge hineingelangen kann. Dann muss er nicht nur seinen Geruchssinn einsetzen, sondern er muss auch noch einen Weg finden, die Belohnung aus dem Behälter herauszuholen. Dazu kann man anfangs natürlich noch Löcher in den Karton schneiden, sodass Ihr Hund diesen leicht umdrehen oder auseinandernehmen kann, um an die Belohnung zu kommen.

Sockensalat

Für dieses lustige Spiel brauchen wir eine ganze Menge ausrangierter Socken. Die hat wohl jeder im Haus. Man kann mit 4 bis 5 Socken starten und nach und nach weitere dazu nehmen. Je mehr es sind, desto schwieriger für den Hund. So bekommen die Socken noch ein zweites Leben, und bereichern bis ans Ende ihres Lebens das des Hundes.

Setzen Sie sich gemeinsam mit Ihrem Hund gemütlich auf den Boden. Während Ihr Vierbeiner vor Ihnen sitzt, häufen Sie die Socken vor ihm auf. Halten Sie ihm dann ein stark duftendes Leckerli hin, dieses darf er aber noch nicht haben. Nun verstecken Sie es, sichtbar für den Hund, in einer der Socken und legen sie wieder auf den Haufen. Nun sagen Sie „Los“ und Ihr Hund darf nach der richten Socke suchen.

Wenn er sie gefunden hat, und sie zum Beispiel durch Anstupsen oder Reinbeißen angezeigt hat, nehmen Sie das Leckerli heraus und geben es dem Hund. Das Ganze darf gerne wiederholt oder gesteigert werden. Dieses Spiel fördert sowohl die Geduld als auch den Geruchssinn Ihres Hundes.

Für den Start dürfen die Leckerlis gerne sehr intensiv riechen, um es dem Hund leicht zu machen. Auch darf die auserwählte Socke direkt oben auf dem Haufen liegen, damit der Hund sie schnell findet und einen kleinen Erfolg genießt.

Steigerung 1: Jetzt darf die Socke auch gerne unter eine andere gelegt werden, sodass der Hund die obere Socke mit der Schnauze oder den Pfoten wegschieben muss, um an die Richtige zu gelangen.

Steigerung 2: Mischen Sie den Sockenhaufen mit der Leckerlisocke richtig gut durch. Nun muss der Hund schon etwas mehr Arbeit leisten, um die richtige Socke zu finden.

Steigerung 3: Wenn Ihr Hund die vorherigen Schritte schon gut verstanden hat und die richtige Socke schnell erschnüffelt, wird es Zeit, ein Leckerli zu verwenden, das kaum noch riecht. So muss der Hund seine Nase viel stärker anstrengen. Hierbei ist wichtig, dass der Hund das Futter immer noch lecker genug findet, um trotzdem danach zu suchen.

Steigerung 4: Nun könnte man das Leckerli erst in eine Socke packen, es aber unauffällig wieder herausnehmen, sodass nur noch ein leichter Leckerli-Geruch an der Socke haftet. Doch sie ist leer. Wenn der Hund die richtige Socke findet, wird er natürlich trotzdem belohnt. Am besten tut man sogar so, als würde man es aus der Socke herausholen. Damit bleiben die Strümpfe ein interessantes Suchobjekt für den Hund und er schnuppert nicht direkt an Ihnen.

Sockenmemory

Auch hierfür brauchen wir im Vorfeld wieder ausrangierte Socken. Am besten ist eine gerade Anzahl. Am Anfang also zwei Stück. Je mehr Sie den Schwierigkeitsgrad steigern, desto mehr Strümpfe in gerader Anzahl kommen hinzu. Am leichtesten ist es, wenn immer zwei Socken dieselbe Farbe oder dasselbe Muster haben. Schwieriger wird es, wenn zum Beispiel alle Socken nur schwarz oder weiß sind.

Nun legt man in zwei Socken jeweils das gleiche Futter oder Leckerli. Also zum Beispiel zwei Socken mit Leckerlis befüllen und zwei mit Käse. Der Hund ist bei Ihnen, in einer „Sitz"-Position. Jetzt legt man eine Socke mit Trockenfutter und eine mit Käse nebeneinander, etwas entfernt vom Hund. Die anderen beiden Socken hält man in der Hand oder legt sie auf einen Tisch. Nun hält man dem Hund eine der Socken mit einem der Gerüche vor die Nase. An dieser soll er schnüffeln. Dann nehmen Sie die Schnüffelsocke wieder weg und geben dem Hund das Startsignal (zum Beispiel: „Memory"). Jetzt darf der Hund die beiden anderen Socken auf dem Boden beschnüffeln und den passenden Geruch zur vorher gezeigten Socke finden. Wenn er sie gefunden hat und anstupst, hineinbeißt oder sie Ihnen bringt, erhält er eine Belohnung. Falls der Hund die falsche Socke anzeigt, gibt es keine Belohnung und er darf es noch einmal versuchen. Wenn vier Socken noch zu schwer sind, beginnt man mit zwei Socken und

bringt ihm somit das Grundprinzip des Spiels bei.
Steigerung 1: Gesteigert werden kann das Sockenmemory durch die Anzahl der Socken und Gerüche.

Steigerung 2: Die Farben der Socke gibt eventuell Hinweise auf das richtige Pärchen. Auch der Hund erkennt Muster und die meisten Farben. Er kann die Partnersocke über die Optik suchen und muss nicht nach Geruch gehen. Sind also alle Socken gleich in der Form und Farbe, muss sich der Hund auf seine Spürnase verlassen. Sie können auch absichtlich optisch unpassende Paarungen nehmen.
Steigerung 3: Wenn man nun die Socken nicht mehr nebeneinander auf den Boden legt, sondern auf einen Haufen, ist es nochmal schwieriger für den Hund, den passenden Partnergeruch zu finden.

Natürlich muss sich auch mit steigender Sockenanzahl der Mensch merken, welche Socke und somit welchen Geruch er dem Hund hingehalten hat und welcher der passende Partner ist. Eventuell macht es Sinn, selbst einmal die Nase einzusetzen oder aber sich unauffällig eine Merkhilfe zu machen.

Schlüsselsuchhund

In dieser tollen Übung bilden wir unseren Hund zu unserem ganz persönlichen Schlüsselsuchhund aus. Falls wir also wieder einmal unseren Schlüssel im Haus verlegt haben, kann uns ab sofort unser treuer Vierbeiner helfen, diesen schnell wiederzufinden. Alles, was wir dafür benötigen, ist ein Schlüsselanhänger aus Filz oder Stoff. An diesen weichen und groben Materialien bleibt der Geruch besser haften als an dem reinen metallischen Schlüssel. Das macht die Übung zu Beginn etwas leichter. Ihr treuer Freund soll ja auch verstehen, was Sie von ihm wollen.

Setzen Sie sich gemütlich zu Ihrem Hund und haben eine Handvoll Leckerli dabei. Halten Sie den Schlüsselanhänger hinter dem Rücken. Anfangs muss nicht einmal der Schlüssel daran hängen. Nun „zaubern" Sie den Anhänger hervor und halten ihn Ihrem Hund entgegen. Der Hund wird aus einfacher Neugier eine Bewegung in Richtung Schlüsselanhänger machen. Bewegt er seine Nase darauf zu oder berührt er den Anhänger sogar, belohnen Sie ihn sofort mit einem Leckerli. Nehmen Sie den Schlüsselanhänger dann wieder direkt hinter den Rücken. Wiederholen Sie dies einige Male, und zwar so oft, bis Ihr Hund zuverlässig jedes Mal den Anhänger mit seiner Nase berührt. Weiterhin bekommt er jedes Mal ein Leckerli dafür.

Im nächsten Schritt halten Sie jedes Mal den Anhänger an eine andere Stelle, wenn Sie ihn hinter Ihrem Rücken hervor „zaubern". Berührt Ihr Hund an jeder Stelle zuverlässig den Schlüsselanhänger, ist es Zeit für den nächsten Schritt. Nun können Sie den Schlüsselanhänger nach dem Hervorholen auch auf den Boden oder Ihr Knie legen, also so, dass Sie ihn nicht mehr in der Hand halten. Wenn der Hund ihn trotzdem berührt, dürfen Sie den Schlüsselanhänger nach dem Hervorzaubern gerne leicht verstecken, zum Beispiel ein Stück neben oder hinter Ihnen oder hinter dem Blumentopf. Ihr Hund darf den Anhänger aber immer noch sehen. Stupst er ihn weiterhin zuverlässig mit der Nase an, führen wir unser Signal ein und werden den Schlüsselanhänger verstecken. Zuerst führen wir unser Signal ein. Das machen wir immer kurz vor der eigentlichen Handlung. In diesem Fall also kurz bevor wir den Schlüsselanhänger hinter dem Rücken hervorholen. In diesem Moment sagen wir unser Signal (zum Beispiel: „Such Schlüssel") und holen dann den Schlüssel hervor. Wenn selbst das zuverlässig funktioniert, kann es so richtig losgehen.

Steigerung 1: Sie können nach und nach den Schlüsselanhänger weiter weg von Ihnen und Ihrem Hund verstecken. Er bleibt allerdings noch sichtbar.

Steigerung 2: Ab jetzt ist der Schlüsselanhänger nicht mehr sichtbar, für den Hund aber weiterhin leicht zu erreichen. Zum Beispiel liegt er hinter einem Blumentopf oder auf einem Stuhl.

Steigerung 3: Jetzt kommt der Schlüssel mit ins Spiel. Sie dürfen also den Schlüssel am Anhänger befestigen und den Hund den Schlüssel samt Anhänger suchen lassen.

Steigerung 4: In der letzten Steigerung wird der Schlüssel samt Anhänger nicht mehr nur in einem Zimmer, sondern in der Wohnung versteckt und vom Hund gesucht.

Die Wundertüte

Mit der Wundertüte kann Ihr Hund seinem Schnüffel- und Jagdtrieb mal so richtig nachgeben. Alles, was Sie benötigen, ist eine Papiertüte, in die Sie ein paar Leckerlis oder sein Lieblingsspielzeug füllen. Verschließen Sie die Tüte leicht. Alternativ kann Zeitungspapier verwendet werden, das Sie einmal falten. Nun geben Sie Ihrem Hund die Tüte oder das Papier. Beim ersten Mal sollten Sie bei ihm bleiben und ihn kräftig anfeuern, die Tüte zu öffnen oder auch gerne zu zerreißen. Solange Sie als Aufsichtsperson dabei sind, kann nichts passieren. Sie fördern damit seine Intelligenz, Geschicklichkeit und Ausdauer.

Steigerung 1: Zur Steigerung des Ganzen kann man die Tüte oder das Zeitungspapier, anstatt leicht zu schließen oder zu falten, gerne zerknüllen. Je fester, desto schwieriger und anspruchsvoller für den Hund.

Steigerung 2: Wenn auch das Zerknüllen keine Herausforderung mehr darstellt, dürfen Sie gerne eine weitere Tüte dazunehmen oder eine weitere Zeitung zerknüllen. Nun kann sich Ihr Hund an zwei Tüten auslassen, die gemeinsam eine größere Barriere darstellen.

Steigerung 3: In der letzten Steigerung können Sie die Tüten oder Zeitungen im Zimmer oder der ganzen Wohnung verstecken. Ihr Hund muss sie dann zuerst suchen, bevor er sie „erlegen“ kann. Das befriedigt noch mal mehr den natürlichen Jagdinstinkt unserer Haushunde. Wie schwierig die Suche wird, ist Ihnen überlassen.

Lass die Korken knallen

Sammeln Sie oder besorgen Sie sich viele Korken. Füllen Sie dieses dann in eine Schale, Schüssel oder Kiste. Angepasst an die Größe Ihres Hundes sollte die Schüssel so gestaltet sein, dass Ihr Hund leicht mit der Nase hineinkommt. Im Idealfall ist der Behälter breiter als hoch. Denn je mehr Fläche und je mehr Korken hineinpassen, desto anspruchsvoller für den Hund. Nun legen sie zunächst ein Leckerli in den Behälter mit den Korken. Wieder einmal darf es anfangs noch sichtbar und leicht erreichbar sein. Wenn Ihr Hund weder Angst noch Unsicherheit zeigt, wird das nächste Leckerli ein bisschen unter die Korken gelegt, sodass der Hund mit seiner Schnauze etwa wühlen muss.

Steigerung 1: Bei dieser Stufe, wird das Leckerli weiter in die Korken hineingedrückt, sodass der Hund richtig wühlen muss, um es zu bekommen.

Steigerung 2: Zeigt er keinerlei Angst oder Unsicherheit, dann dürfen wir ruhig mehrere Leckerlis in der Korkenschüssel platzieren und den Hund alle erarbeiten lassen.

Steigerung 3: Um das noch weiter zu steigern, könnten Sie eine größere Kiste mit mehr Korken nehmen und den Hund dort seine Leckerlis suchen lassen.

Schnüffelteppich

Im Handel gibt es sogenannte Schnüffelteppiche. Das sind kleine Teppiche auf Filz mit langen und engen Schlaufen, zwischen denen man Futter verstecken kann. Diese Teppiche gibt es auch als Bälle und sogar als Futternäpfe. Alternativ sind sie auch schnell selbst gebastelt. Anleitungen dazu gibt es viele im Internet. Verstecken Sie das Futter des Hundes zwischen den Filzstreifen. Anfangs nur eines, welches Sie nicht sehr tief reindrücken, damit der Hund nicht sofort den Spaß verliert.

Steigerung 1: Nun drücken sie das Futterstück weiter zwischen die Streifen, sodass Ihr Hund sich etwas mehr anstrengen muss, es zu finden und herauszuholen. Wenn das gut läuft und ihr Hund zuverlässig das Futterstück heraushοlt, können Sie die nächste Steigerung angehen.

Steigerung 2: Verstecken Sie einfach mehrere Futterstücke im Teppich, gerne weit darauf verbreitet und tief in die Schlaufen hineingedrückt.

Es rappelt im Karton

Werfen Sie alte Verpackungen nicht sofort weg. Für Spiele wie dieses sind sie immer zu gebrauchen. Legen Sie den Karton mit der Öffnung nach unten hin. Verstecken Sie ein stark duftendes Leckerli darunter. Erst dann holen Sie Ihren Hund und lassen ihn seiner Nase folgen. Hat er das Leckerli erschnüffelt, heben Sie den Karten hoch und lassen Sie ihren Hund das Leckerli fressen. Im besten Fall locken Sie ihn sofort wieder mit einem weiteren Leckerli vom Karton weg, loben ihn und geben ihm die Belohnung. So vermeiden Sie Frustration, wenn er weitersucht und unter dem Karton nichts mehr findet. Stattdessen begreift er, dass dies ein gemeinsames Spiel war, bei dem die Belohnung von Ihnen ausgeht. Hat Ihr Hund das Spiel verstanden, geht zuverlässig zum Karton, lässt sich davon wieder weglocken und verliert trotzdem nicht das Interesse, können Sie den Schwierigkeitsgrad anheben.

Steigerung 1: Nehmen Sie einen zweiten Karton dazu. Unter jeder Kiste darf ein stark duftendes Leckerli liegen. Ihr Hund darf beide Kartons absuchen und die Leckerlis finden. Sie heben die Kartons an und dann wird der Hund wieder weggelockt, um erneut zu starten.

Steigerung 2: Sie dürfen nach und nach weitere Kartons, gerne in unterschiedlichen Formen und Größen, dazu nehmen und wie im vorherigen Schritt verfahren. Wenn auch das für Ihren Hund zu einfach wird, steigern Sie erneut.

Steigerung 3: Jetzt dürfen weniger stark duftende Leckerli verwendet werden, um den Geruchssinn des Hundes weiter zu fordern.

Steigerung 4: Sie können auch manche Kartons leer lassen und Ihr Hund muss bei Stufe 4 herausschnuffeln, welche sich lohnen. Machen Sie dies bitte nur, wenn klar ist, dass Ihr Hund auch mit etwas Frust umgehen kann.

Das klassische Hütchen-Spiel

Das Hütchen-Spiel eignet sich hervorragend als geistige Anregung. Es ermöglicht viele verschiedene Schwierigkeitsstufen und ist für alle Hunde, vom Welpen bis zum Senior, geeignet. Sie brauchen für dieses Spiel mehrere Becher. Am besten eignen sich Plastikbecher, die nicht schnell kaputtgehen, um Verletzungen zu vermeiden. Zum Beispiel können Sie alte Joghurtbecher auswaschen und sammeln.

Starten Sie mit einem einzelnen Becher, unter den Sie, sichtbar für Ihren Hund, ein Leckerchen legen. Sagen sie nun ein Startsignal wie „Los gehts“ oder ähnliches. Daraufhin sollte der Hund irgendeine Bewegung in Richtung Becher machen. Dabei ist es erst einmal egal, ob er den Becher mit der Schnauze berührt, oder ihn mit seiner Pfote anstupst. Sobald er das tut, heben sie den Becher hoch und geben Ihrem Hund das Leckerli. Dann starten Sie erneut. Sobald Ihr Hund ganz deutlich den Becher anzeigt, dürfen Sie die nächste Schwierigkeitsstufe wählen.

Steigerung 1: Jetzt können Sie einen zweiten Becher dazu nehmen. Verfahren sie genau wie zuvor und legen nun aber nur unter einen Becher ein Leckerli. Dieser Handgriff bleibt aber weiterhin für den Hund sichtbar. Geben Sie nun wieder das Signal „Los gehts“ und lassen ihren Hund den Becher mit dem Leckerli anzeigen. Sollte es der falsche Becher sein, heben Sie diesen trotzdem hoch. Ihr Hund wird ja kein Leckerli bekommen, versteht dann aber das Spielprinzip besser. Lassen Sie es ihn erneut versuchen. Jetzt wird er Erfolg haben. Zeigt ihr Hund nach ein paar Wiederholungen immer den richtigen Becher an, dürfen Sie die Schwierigkeit steigern.

Steigerung 2: Nun darf ein dritter Becher hinzukommen. Genau wie zuvor legen sie sichtbar für den Hund unter einen einzigen Becher ein Leckerli und lassen ihren Hund wieder den richtigen Becher anzeigen. Sollte er nun aus drei Bechern zuverlässig immer den Richtigen wählen, geht es weiter.

Steigerung 3: Nehmen Sie wieder drei Becher. Nachdem Sie das Leckerli unter einen davon gelegt haben, bewegen Sie die drei Becher willkürlich hin und her. Erst dann sagen Sie: „Los gehts!!". Nun muss Ihr Hund genau beobachten, wo sich das Leckerli befindet und wohin es „wandert", oder er schnuppert danach.

Steigerung 4: Auch diese Schwierigkeit könnten Sie noch einmal steigern, indem Sie Ihren Hund nicht mehr zuschauen lassen, wo Sie das Leckerli drunter legen. Das heißt, er muss völlig blind das Leckerli suchen und anzeigen. Ab jetzt können beliebig viele Becher dazukommen.

Leckeres Handtuch

Für dieses Spiel brauchen Sie nur ein (altes) Handtuch oder Küchentuch. Es geht darum, Futter, das in diesem Handtuch versteckt ist, erschnüffeln und auspacken zu dürfen. Je nach Schwierigkeitsgrad kann Ihr Vierbeiner damit sehr lange beschäftigt sein. Zuerst nehmen Sie das Handtuch, legen ein Leckerli darauf und falten eine kleine Ecke darüber. Nun zeigen Sie Ihrem Hund, dass unter dieser kleinen Stoffecke ein Leckerli versteckt ist; oder lassen Sie ihn gerne schon beim Verstecken zusehen. Sagen Sie „Los" und lassen Sie Ihren Hund das Leckerli suchen und herausarbeiten. Anfangs sollte er sehr schnell zum Erfolg kommen, um seine Motivation hochzuhalten.

Steigerung 1: Nun können sie das Leckerli besser verbergen und ein größeres Stück Tuch darüber falten. Sagen Sie Ihrem Hund wieder „Los“ und lassen Sie es ihn suchen und herausarbeiten.

Steigerung 2: Legen Sie das Handtuch auf den Boden und das Leckerli hinein. Jetzt falten Sie es einmal ganz in der Mitte. Lassen Sie Ihren Hund auf das Kommando „los“ das Leckerli suchen. Er wird das Tuch etwas mehr durchwühlen oder sogar greifen müssen.

Steigerung 3: Nun können Sie mit jedem Durchgang das Handtuch mehr als einmal zusammenfalten. Es wird von Durchgang zu Durchgang schwerer für ihren Hund, seinen Preis herauszuholen.

Steigerung 4: Alternativ, oder wenn Ihr Hund das Leckerli aus dem gefalteten Handtuch schon schnell und zuverlässig herausholt, können Sie das Handtuch auch einrollen. Auch Knoten können in das Handtuch gemacht werden. Darin können sogar mehrere Leckerlis versteckt werden. Je fester die Knoten sind, desto schwieriger wird das Spiel.

Flaschenparty

Für dieses Spiel benötigen Sie eine leere, gut ausgewaschene und getrocknete PET-Flasche. Füllen Sie ein Leckerli hinein und zeigen Sie Ihrem Hund, was sich in der Flasche befindet. Das Leckerli legen Sie so in den Flaschenhals hinein, dass es leicht herausfallen kann. Nun halten Sie die Flasche so, dass, sobald der Hund mit der Nase (oder Pfote) darankommt, das Leckerli sofort aus der Flasche fällt.

Diesen Schritt kann man einige Male wiederholen, bis der Hund sicher an die Flasche herangeht. Je größer die Flaschenöffnung, desto leichter ist es.

Steigerung 1: Stecken Sie das Leckerli schon etwas weiter in die Flasche hinein, sodass der Hund schon mehr Aktion mit der Flasche zeigen muss, damit es herausfällt. Sie halten in diesem Schritt immer noch die Flasche in den Händen. Wenn Ihr Hund genug Einsatz zeigt, um an das Leckerli zu gelangen, kann die nächste Schwierigkeitsstufe folgen.

Steigerung 2: Nun können Sie mehrere Leckerlis einfüllen und die Flasche auf den Boden legen. Ihr Hund muss nun schon viel Aktion Richtung Flasche zeigen. Um die Motivation hochzuhalten, können sie anfangs gerne noch mal ein Leckerli unauffällig weiter nach vorne ziehen. So glaubt der Hund, dass er schnellen Erfolg hat und bleibt am Ball.

Steigerung 3: Lassen Sie die Hilfestellungen nach und nach weg und lassen Sie Ihren Hund mehr allein machen. Wenn er zuverlässig und schnell zum Erfolg kommt, ist es wieder Zeit für eine Steigerung.

Steigerung 4: Nehmen Sie gerne mehrere Flaschen und verteilen Sie die Leckerlis darin. Sie können zum Beispiel verschiedene Flaschengrößen nehmen und auch verschiedene Öffnungen. Mal keiner, mal größer. So muss Ihr Hund immer unterschiedlich an die jeweiligen Flaschen herangehen.

Leckerlis in der Muffin-Form

Für dieses Spiel brauchen Sie ein Blech mit Muffin-Vertiefungen, aber Sie können auch einzelne Muffin-Formen nebeneinander aufstellen. Am besten eignen sich feste Formen. Je weicher (Silikon, Papier) desto schwieriger für ihren Hund. Sie brauchen ebenso viele Tennisbälle wie Förmchen. Verteilen Sie Leckerlis in den Mulden und bedecken jedes mit einem Tennisball. Zuerst beginnen wir mit einem Förmchen und einem Ball. Legen Sie ein Leckerli in eine Form und den Tennisball so darüber, dass das Leckerli noch zur Hälfte hinausguckt. Nun geben Sie Ihrem Hund das Signal „Los“ und lassen ihn das Leckerli nehmen. Durch das Berühren mit seiner Nase wird er den Ball bewegen so das Leckerli freilegen und fressen können. Diesen Schritt können Sie ein paar Mal wiederholen.

Steigerung 1: Wiederholen sie diesen Schritt erneut, legen aber nun den Ball etwas weiter über das Leckerli drüber. So muss sich Ihr Hund etwas mehr anstrengen, um den Ball herunterzuschieben. Klappt auch das, wird die nächste Stufe fällig.

Steigerung 2: Nun legen Sie das Leckerli wieder in die Muffinform und den Ball so obendrauf, dass das Leckerli und die Öffnung komplett vom Ball überdeckt sind. Geben Sie Ihrem Hund das Signal „Los“ und lassen Sie ihn den Ball von der Muffinform komplett hinunterschieben.

Steigerung 3: Sie können eine zweite Form und einen zweiten Ball hinzunehmen. Dann einen Dritten und so weiter. In dieser Schwierigkeitsstufe kann gerne unter jedem Ball ein Leckerli liegen.

Steigerung 4: Verstecken Sie jetzt in einer Form ein Leckerli und unter den anderen keins. So muss der Hund gleichzeitig seine Nase anstrengen, um herauszubekommen, wo genau etwas versteckt ist. Lassen Sie ihn anfangs ruhig zuschauen. Danach können Sie die Belohnung verstecken, ohne dass er zusieht. Auch das Drehen des Blechs oder das Durchmischen der Formen wäre eine Möglichkeit, dieses Spiel zu steigern.

Leckerlis im Eierkarton

Eierkartons aus Pappmaché eignen sich überraschend gut für Hundespiele. Sie bestehen aus natürlichen, ungefährlichen Materialien und sind recht robust. Wir brauchen für dieses Spiel also einen oder mehrere Eierkartons mit Deckel. Streuen Sie einige Leckerlis in die Mulde eines intakten, leeren Eierkartons. Klappen Sie dann den Deckel leicht zu, sodass er noch ein gutes Stück aufsteht. Nun stellen Sie den Karton auf den Boden und geben Ihrem Hund das OK. Er darf jetzt hingehen und die Leckerlis aus dem Karton herausholen. Da der Deckel noch halb auf ist, wird es ihm leichtfallen und er fühlt sich erfolgreich.

Steigerung 1: Verfahren Sie wie zuvor, machen aber nun den Deckel etwas mehr zu, sodass der Hund sich etwas mehr anstrengen muss.

Steigerung 2: Befüllen Sie den Eierkarton wieder mit Leckerlis, machen Sie ihn diesmal VWE ganz zu. Also so, dass die Lasche einrastet. Jetzt muss der Hund einen Weg finden, an seine Belohnung zu kommen. Er darf bei seiner Suche den Eierkarton ruhig zerstören, das ist bei diesem Spiel gar nicht schlimm. Achten Sie aber darauf, dass er die Kartonfetzen nicht vor Begeisterung mit auffrisst. Ein kleines Stück wird Ihrem Hund jedoch nicht schaden. Die Pappe ist natürliches Material und deshalb für solche Spiele bestens geeignet.

Leckerchen in der Küchenrollenpappe

Ähnlich wie beim Eierkarton können Sie auch eine leere Küchenrollen oder Toilettenpapierrolle nutzen. Füllen Sie einige Leckerlis in die Rolle. Halten Sie diese dann in der Hand und geben Ihren Hund das OK. Sobald er die Rolle mit Nase oder Pfote berührt, lassen Sie ein Leckerli aus der Rolle hinausfallen – falls das nicht ohnehin passiert. Anfangs darf der Hund sehr schnell zum Erfolg kommen. Das hält seine Motivation hoch. Wiederholen Sie diesen Schritt einige Male.

Steigerung 1: Auch hier werden die Leckerlis wieder in die Rolle gefüllt. Diese halten Sie jetzt aber etwas fester in der Hand. So muss der Hund die Rolle stärker bewegen, bis die Leckerli hinausfallen.

Steigerung 2: Befüllen Sie die Rolle wieder mit Leckerlis und legen Sie diese vor Ihrem Hund auf dem Boden ab. Nun darf er seine eigene Taktik finden, um an die Leckerlis zu kommen. Auch hier ist es in Ordnung, wenn er die Rolle zerstört.

Steigerung 3: Um dieses Spiel noch schwerer zu gestalten, können Sie die Rolle nach dem Befüllen ein- oder mehrfach knicken, sodass die Leckerlis nicht mehr so leicht hinausfallen. Wenn auch das für Ihren Hund kein Problem darstellt, kommt er zur höchsten Stufe.

Steigerung 4: Nach dem Befüllen oder Knicken, können Sie das offene Ende der Rolle noch mit Klebeband zukleben. Paketband aus Papier eignet sich am besten. Auch hier ist es kein Problem, wenn der Hund die Rolle auseinandernimmt. Achten Sie nur darauf, dass er nicht zu viele Stücke der Rolle verschluckt.

Leckerli-Karton

Füllen Sie einen Karton, der an die Größe des Hundes angepasst ist, mit einigen Leckerchen oder legen Sie Spielzeug hinein. Stellen Sie nun den offenen Karton vor ihren Hund auf den Boden und lassen Sie ihn das Leckerchen oder Spielzeug herausholen. Vor allem ängstliche Hunde könnten hiermit schon Probleme haben. Wenn das so ist, können Sie noch leichter anfangen und das Leckerli oder Spielzeug zuerst neben den Karton legen, dann darauf und dann er hinein. Wiederholen Sie diesen Schritt einige Male.

Steigerung 1: Füllen Sie erneut Spielzeug oder Leckerli in den Karton. Jetzt schließen sie den Karton aber leicht. Er ist zwar noch ein Stück weit offen, es ist aber nicht mehr ganz so einfach, ans Ziel zu kommen. So muss der Hund etwas mehr Aktion zeigen und zum Beispiel seine Schnauze benutzen, um die Öffnung zu weiten.

Steigerung 2: Wieder befüllen Sie den Karton mit dem Spielzeug oder dem Leckerli. Jetzt machen Sie den Karton ganz zu. In diesem Schritt ist kein Loch mehr zu sehen, aber der Kartondeckel ist noch nicht ineinander verkeilt. Sobald auch das für Ihren Hund keine Schwierigkeit darstellt, können Sie noch einmal steigern.

Steigerung 3: In dieser Schwierigkeitsstufe verkeilen Sie die Kartonöffnung nach dem Befüllen. Ihr Hund muss nun richtig arbeiten, um an den Inhalt zu gelangen.

Steigerung 4: Um auch das noch einmal in der Schwierigkeit zu steigern, können Sie den Karton noch mit Klebeband aus Papier zukleben. Es ist überhaupt kein Problem, wenn der Hund den Karton zerstört. Ganz im Gegenteil. Vielen Hunden macht genau das richtig viel Spaß. Zerstören bzw. Zerkleinern ist sogar ein Bedürfnis von Hunden und wenn wir ihnen so die Möglichkeit geben, helfen wir ihnen, glücklich zu sein. Achten Sie aber darauf, dass Ihr Hund nicht zu viel Pappe verschluckt.

Flaschendrehen

Für dieses Spiel müssen Sie ein paar Dinge vorbereiten. Doch es wird sich lohnen. Schneiden Sie zunächst eine leere Plastikflasche direkt unterhalb des Drehverschlusses mit einer Schere oder einen Messer auf. Die Öffnung sollte so groß sein, dass ein Leckerli leicht hindurch passt. Alternativ können Sie auch eine Flasche mit einem sehr großen Flaschenhalsdurchmesser nehmen und einfach den Deckel weglassen. Stechen Sie daraufhin zwei gegenüberliegende Löcher in die seitlichen Wände der Flasche und ziehen eine Schnur durch diese. Befestigen Sie die Schnur damit an zwei Punkte, sodass die Flasche in der Luft hängt. Alternativ können Sie die Schnur auch in beiden Händen halten.

Halten Sie die Flasche zunächst so, dass, sobald der Hund mit der Nase (oder Pfote) darankommt, das Leckerli sofort aus der Flasche herausfällt. Die Flasche liegt waagrecht, das Leckerli befindet sich im Flaschenhals. Diesen Schritt kann man einige Male wiederholen, bis der Hund sicher ist immer an die Flasche heranzugehen. Je größer die Flaschenöffnung, desto leichter ist es für ihren Hund.

Steigerung 1: Nun stecken Sie das Leckerli schon etwas weiter in die Flasche hinein, sodass der Hund die Flasche stärker bewegen muss, damit das Leckerli hinausfällt. Sie halten in diesem Schritt immer noch die Flasche in den Händen, damit der Hund schnell zum Erfolg kommen kann.

Steigerung 2: Ab jetzt können Sie die Flasche das erste Mal an der Schnur festhalten. Achten Sie darauf, dass die Schnur gespannt ist, das hilft Ihrem Hund, die Flasche zu drehen. In dieser Schwierigkeitsstufe halten sie die Flasche noch waagerecht, das Leckerli ist aber schon tief in der Flasche drin. Nun muss der Hund die Flasche mit dem Hals nach unten drehen, damit das Leckerli herausfällt.

Steigerung 3: Jetzt darf die Flasche nach dem Befüllen auch mit dem Hals nach oben, also senkrecht an gespannter Schnur hängen. Der Hund muss sie nun um 180 Grad drehen, um das Leckerli herausfallen zu lassen.

Steigerung 4: Variieren Sie hier gerne mit verschieden großen Flaschenöffnungen. Je kleiner die Öffnung, desto schwieriger. Auch die Spannung der Schnur kann Einfluss auf die Schwierigkeit nehmen. Je straffer, desto leichter. Wenn die Schnur also locker durchhängt, ist es für Ihren Hund gar nicht so einfach, die Flasche zu drehen. Als kreative Erweiterung kann man auch mehrere Flaschen an eine Schnur hängen.

Futter-Roller

Für dieses Spiel brauchen Sie eine Dose. Hoch, rund und verschließbar sollte sie sein. Stapelchipsdosen eignen sich hier ganz besonders. Außerdem benötigen Sie Leckerlis und eine Schere oder ähnliches. Schneiden Sie zunächst einige Löcher in die Dose. Diese sollten groß genug sind, dass die Leckerlis, die hineingelegt werden, auch herausfallen können. Verschließen Sie daraufhin die Dose mit dem Deckel (hier kann auch ungiftiges Klebeband helfen). Halten Sie zunächst die Dose in der Hand und lassen Sie ein Leckerli hinausfallen, sobald Ihr Hund die Dose berührt (ob mit Nase oder Pfote, ist dabei egal). Das können Sie einige Male wiederholen, bis Ihr Hund zuverlässig an die Dose stupst.

Steigerung 1: Nun befüllen Sie die Dose mit einigen Leckerlis und legen sie auf den Boden. Bestenfalls ist in dieser Schwierigkeitsstufe das Futter deutlich kleiner als die Löcher und es dürfen ruhig viele Leckerchen in der Dose sein. Dann fällt schneller mal eines heraus und der Hund wird gerne weitermachen. Das können Sie nun ein paar Mal wiederholen oder so lange, bis die Dose leer ist.

Steigerung 2: Im zweiten Schritt dürfen die Leckerlis eine Nummer größer sein, um so ein allzu schnelles Herausfallen aus der Dose zu verhindern. Ihr Hund muss jetzt stärker mit der Dose interagieren als vorher.

Steigerung 3: Nun dürfen die Leckerlis so groß sein, dass sie gerade noch durch die Löcher der Dose passen. Um die Motivation aufrecht zu erhalten, füllen Sie ruhig ein paar kleinere Leckerlis mit dazwischen.

Steigerung 4: Sie können auch die Anzahl der Löcher variieren und zum Beispiel bei einer neuen Dose weniger Löcher hineinschneiden. Auch unterschiedlich große Löcher mit unterschiedlich großen und anders geformten Leckerlis verändern den Schwierigkeitsgrad.

Denkspiele für drinnen – Der Haushaltshelfer

Ihr bester Freund wird Ihnen gerne im Haushalt helfen, wenn Sie die entsprechende Dankbarkeit zeigen. Mit den nachfolgenden Spielen und Übungen machen Sie Ihren Hund zum fleißigsten und glücklichsten Helfer.

Tür aufmachen

Bringen Sie Ihrem Hund bei, die Kühlschrank- oder Zimmertür auf Kommando zu öffnen. Für dieses Spiel brauchen Sie etwas Geduld. Sie müssen es schrittweise aufbauen.

Zunächst nehmen Sie einen Gegenstand, welchen der Hund gerne ins Maul nimmt, den man an einem Türgriff befestigen kann und woran Ihr Hund auch gerne mal zieht. Es kann ein Seil sein, oder ein altes Küchenhandtuch. Zuerst halten Sie es in der Hand und beginnen spielerisch mit einer Runde Tauziehen. Immer wenn er es ins Maul nimmt und zieht, sagen Sie passend dazu „Zieh" und belohnen ihn gerne noch mit einem zusätzlichen Leckerli.

Diese Variante des Türöffnens eignet sich auf zwei Gründen besonders gut: 1. Ihr Hund beschädigt auf diese Weise nicht die Tür mit seinen Krallen oder Zähnen, und er wird 2. ohne das Seil an der Tür diese nicht öffnen können. So können Sie verhindern, dass er ab sofort allein alle Türen öffnet.

Steigerung 1: Im nächsten Schritt binden Sie das Seil oder Tuch um den Türgriff, halten es mit einer Hand noch fest und sagen „Zieh". Wiederholen Sie diese Übung, bis Ihr Hund zuverlässig auf das Signal an dem Seil oder Tuch zieht. Die Türklinke sollte von ihm nach unten gedrückt werden, sodass die Tür aufgeht.

Steigerung 2: Nun verfahren Sie wie im vorherigen Schritt, haben aber die Hand nicht mehr am Seil beziehungsweise Tuch, stehen aber noch dicht daneben. Auch hier sollte Ihr Hund es nach einigen Wiederholungen schaffen, die Tür zu öffnen.

Steigerung 3: Stellen Sie sich ein kleines Stück weiter weg und sagen das Signal „Zieh". Wenn Ihr Hund weiterhin zuverlässig auf das Signal hin am Seil zieht und die Tür aufmacht, können Sie den Abstand weiter ausbauen. Irgendwann können Sie den Hund auch von weiten Distanzen zur Tür schicken, um diese zu öffnen.

Der Wegräumer

Trainieren Sie Ihren Hund, sein Spielzeug selbst wegzuräumen. Sie werden sehen, das bereitet Ihnen beiden viel Vergnügen! Besorgen Sie einen Behälter, in dem das ganze Hundespielzeug seinen Platz findet. Nun soll der Hund lernen, sein Spielzeug dort hineinzulegen, wenn er nicht mehr damit spielt. Sie können natürlich auch absichtlich manche Spielzeuge außerhalb der Box platzieren und Ihren Hund alle einsammeln lassen.

Zuerst muss der Hund das Kommando „Fallen lassen" lernen. Geben Sie ihm dazu ein Spielzeug, welches er gerne im Maul trägt. Halten Sie dieses aber mit einer Hand fest. Dann halten Sie ihm mit der anderen Hand entweder ein Leckerli oder aber in anderes, noch interessanteres Spielzeug hin. In dem Moment, in dem Ihr Hund das erste Spielzeug loslässt, und das Leckerli (oder das andere Spielzeug) nimmt, sagen sie „Fallen lassen" und loben Ihren Hund dafür. Das wiederholen Sie jetzt so lange, bis Sie das Kommando sagen können und Ihr Hund direkt das Spielzeug ausspuckt.

Steigerung 1: In diesem Schritt halten Sie kein Spielzeug mehr fest. Sie geben Ihrem Hund einfach ein Spielzeug (oder er nimmt es selbst von Boden auf), sagen „Fallen lassen" und er spuckt es wieder aus. Dafür bekommt er dann eine Belohnung.

Steigerung 2: Jetzt stellen wir die Spielzeugbox so hin, dass das Spielzeug, wenn der Hund es fallen lässt, genau in die Box hineinfällt. Wir verfahren ansonsten genauso wie zuvor. Wenn er über der Box steht, sagen Sie „Fallen lassen". Wenn das Spielzeug im Container landet, loben Sie ihn, als hätte er die Welt gerettet.

Steigerung 3: Nun stellen wir die Box ein kleines Stück weg vom Hund und lassen ihn das Spielzeug aufheben. Zunächst wird er noch leicht Richtung Box gelockt, zum Beispiel indem auch Sie in diese Richtung gehen oder darauf zeigen. Wenn das Spielzeug dann über der Kiste ist, sagen sie „Fallen lassen" und loben Sie ihren Hund erneut überschwänglich, wenn es in der Kiste landet. Das wiederholen Sie dann so lange, bis Ihr Hund zuverlässig mit dem Spielzeug Richtung Kiste geht und dieses erst dort fallen lässt.

Steigerung 4: Nun können Sie die Kiste immer weiter von sich und ihrem Hund wegstellen. Ihr Hund sollte von sich aus zur Box laufen und das Spielzeug irgendwann hineinfallen lassen. Eventuell müssen Sie noch das Signal „Fallen lassen" sagen. Je öfter Sie es nun trainieren, desto weniger brauchen Sie zu sagen.

Der Zeitungsbote

Bringen Sie Ihren Hund bei, die Zeitung aus dem Briefkasten zu holen und an den Frühstückstisch zu bringen. Für dieses Spiel sollte Ihr Hund grundsätzlich gerne Dinge ins Maul nehmen. Nehmen Sie dafür zunächst eine Zeitung und rollen Sie diese so zusammen, dass Ihr Hund sie gut im Maul festhalten kann. Dann halten Sie diese Ihrem Hund hin. Er sollte sie in sein Maul nehmen. Diesen Moment loben Sie und er bekommt ein Leckerli dafür. Das wiederholen Sie einige Male. Bestenfalls so lange, bis Ihr Hund, wenn Sie ihm die Zeitung hinhalten, diese zuverlässig entgegennimmt.

Steigerung 1: Verfahren Sie wie in Schritt 1, warten aber mit dem Lob etwas länger, sodass Ihr Hund die Zeitung auch ein bisschen länger im Maul halten muss. Warten Sie aber nicht zu lange, sonst spuckt er sie wieder aus. Nehmen Sie ihm die Zeitung stattdessen genau rechtzeitig wieder weg. Für diese Übergabe bekommt er dann ein Leckerli. Wenn Ihr Hund die Zeitung dadurch ein paar Sekunden im Maul behält, können Sie den nächsten Schritt angehen.

Steigerung 2: Geben Sie Ihrem Hund die Zeitung. Wenn er sie im Maul hat, locken Sie ihn leicht (er soll sie nicht vor Überschwang wieder ausspucken) ein paar Schritte auf Sie zu. Wenn er bei Ihnen angekommen ist, nehmen Sie ihm die Zeitung wieder aus dem Maul und loben ihn intensiv. Das wird nun wiederholt, bis Ihr Hund zuverlässig mit der Zeitung im Maul einige Schritte auf Sie zugelaufen kommt.

Steigerung 3: Nun gehen Sie für die Übung mit ihm zum Briefkasten. Sagen Sie ihm dort das Kommando „Bring Zeitung“, ziehen Sie die Zeitung heraus und geben ihm diese. Das Ganze wird jetzt sehr oft wiederholt. Bis Ihr Hund (wenn er es körperlich kann) selbst die Zeitung auf das Signal „Bring Zeitung“ aus dem Kasten herauszieht. Falls nicht, geben sie ihm die Zeitung einfach an.

Steigerung 4: Geben Sie ihm an der Haustür das Kommando „Bring Zeitung“ und gehen Sie mit Ihrem Hund gemeinsam zum Briefkasten. Nun soll der Hund die Zeitung selbst aus dem Kasten herausholen. Dann gehen Sie mit ihm zum Frühstückstisch, setzen sich hin und nehmen ihm die Zeitung ab. Lob, Dank und Belohnung folgen auf dem Fuß. Das wiederholen Sie, bis er es allein kann.

Komm, wir gehen Gassi

Lassen Sie Ihren Hund doch einmal selbst seine Leine bringen, wenn Sie mit ihm Gassi gehen wollen! Gehen Sie dazu genauso schrittweise vor wie in der vorherigen Übung mit der Zeitung. Hier ist viel Geduld gefragt, denn diese Aufgabe ist etwas komplizierter. Auch hierfür sollte Ihr Hund grundsätzlich gerne Gegenstände ins Maul nehmen. Tut er das nicht gerne, sollte Sie lieber eines der anderen Spiele ausprobieren.

Nehmen Sie die Leine in die Hand und halten Sie diese so, dass der Hund sie leicht ins Maul nehmen kann. Sobald er das tut, loben Sie ihn und geben ihm ein Leckerli. Das wiederholen Sie so oft, bis es zuverlässig funktioniert, dass Ihr Hund die Leine ins Maul nimmt.

Steigerung 1: Halten Sie Ihrem Hund erneut die Leine hin. Nun sagen Sie auch ein Kommando wie: „Bring Leine" und lassen ihn diese dazu ins Maul nehmen. Waren Sie mit dem Lob jetzt etwas länger, sodass Ihr Hund die Leine eine Zeit lang im Maul halten muss. Wenn Ihr Hund nun die Leine ein paar Sekunden im Maul behält, können Sie zum nächsten Schritt gehen.

Steigerung 2: Geben Sie Ihrem Hund die Leine und sagen: „Bring Leine!". Wenn er diese im Maul hat, locken Sie ihn leicht, nicht zu überschwänglich, ein paar Schritte zurück auf Sie zu. Wenn er bei Ihnen angekommen ist, nehmen Sie ihm die Leine aus dem Maul und loben ihn gerne mit Worten und Leckerlis. Das wird wiederholt, bis der Hund zuverlässig mit der Leine im Maul einige Schritte auf Sie zuläuft.

Steigerung 3: Nun legen Sie die Leine auf den Boden, auf die Treppe oder auf einen Stuhl ein kleines Stück weg von Ihnen und Ihrem Hund. Sagen Sie das Kommando „Bring Leine" und lassen Sie die Leine von ihrem Hund aufnehmen und zu Ihnen bringen. Dann bekommt er bei Ihnen wieder viel Lob und Leckerli dafür. Wenn das auf kurze Distanz zuverlässig klappt, bauen Sie im nächsten Schritt die Distanz auf.

Steigerung 4: Nun befindet sich die Leine weiter weg von Ihnen und Ihrem Hund. Vielleicht liegt sie dort, wo sie sonst immer aufbewahrt wird. Achten Sie aber darauf, dass Ihr Hund sie leicht erreichen kann. Dann sagen Sie das Signal. Anfangs dürfen Sie gerne noch als Hilfe mit Ihrem Hund mitlaufen zur Leine. Später, wenn Sie diesen Schritt einige Male geübt haben, werden Sie das nicht mehr brauchen. Ab sofort kann Ihr Hund sich seine Leine selbst holen.

Pfandsammler

Dieses Spiel ist ähnlich wie das Aufräumspiel. Diesmal wird Ihr Hund leere Pfandflaschen in den Flaschenkasten zurückräumen. Alles, was Sie dafür brauchen, sind natürlich Pfandflaschen – auf die Größe Ihres Hundes angepasst – und einen leeren Flaschenkasten. Falls Ihr Hund so klein ist, dass er nicht über den Kastenrand hinauskommt, kann man natürlich auch einfach eine Schüssel oder ähnliches nehmen.

Zuerst muss der Hund das Kommando „Fallen lassen“ lernen. Geben Sie ihm dazu ein Spielzeug, welches er gerne im Maul trägt. Halten Sie dieses aber mit einer Hand fest. Dann halten Sie ihm mit der anderen Hand entweder ein Leckerli oder aber in anderes, noch interessanteres Spielzeug hin. In dem Moment, in dem Ihr Hund das erste Spielzeug loslässt, und das Leckerli (oder das andere Spielzeug) nimmt, sagen sie „Fallen lassen“ und loben Ihren Hund dafür. Das wiederholen Sie jetzt so lange, bis Sie das Kommando sagen können und Ihr Hund direkt das Spielzeug ausspuckt.

Steigerung 1: Bis hierhin kam Ihnen die Übung womöglich bekannt vor. Doch jetzt ersetzen wir das Spielzeug mit einer Plastikflasche. Sollte Ihr Hund diese nicht nehmen wollen, kann es helfen, die

Flasche zunächst mit einer alten Socken oder ähnlichem zu umwickeln. Wenn der Hund jetzt die Flasche in sein Maul nimmt, sagen Sie wieder „Fallen lassen" und loben ihn dafür, wenn er loslässt.

Steigerung 2: Jetzt stellen wir den Pfandkasten so hin, dass die Flasche genau dort hineinfällt, sobald der Hund sie loslässt. Wir verfahren ansonsten genauso wie zuvor: Wenn er über dem Kasten steht, sagen Sie „Fallen lassen". Landet die Flasche im Kasten, loben Sie ihn dafür.

Steigerung 3: Nun lassen wir den Hund die Flasche selbst vom Boden aufnehmen. Probieren Sie dafür zuerst einmal aus, ob er die Flasche besser aufnehmen kann, wenn sie liegt oder steht. Da hat jeder Hund so seine Vorlieben. Sobald der Hund dann mit der Flasche über dem Kasten ist, sagen sie „Fallen lassen" und loben Sie Ihren besten Freund überschwänglich. Das wiederholen Sie dann so lange, bis er zuverlässig die Flasche aufnimmt und sie erst über dem Kasten wieder fallen lässt.

Steigerung 4: Stellen Sie die Kiste nun weiter von sich und Ihrem Hund entfernt auf. Stellen oder legen Sie die Flasche auf den Boden und zeigen Sie darauf. Ihr Hund sollte inzwischen von sich aus damit zum Kasten gehen und sie dort hineinfallen lassen. Eventuell müssen Sie anfangs noch das Signal „Fallen lassen" verwenden. Je häufiger Sie trainieren, desto seltener brauchen Sie etwas zu sagen. Dann können Sie auch immer mehr Flaschen dazunehmen und Ihren Hund hintereinander alle in den Kasten räumen lassen.

Ausziehen

Ihr Hund soll lernen, Ihnen die Socken auszuziehen. Auch hier ist es hilfreich, wenn Ihr Hund prinzipiell gerne Sachen ins Maul nimmt. Wir brauchen für dieses Spiel nur eine (eventuell alte) Socke. Diese halten Sie Ihrem Hund hin und Sagan „Nimm". Ihr Hund sollte sie daraufhin kurz ins Maul nehmen. Dafür wird er belohnt.

Steigerung 1: Im nächsten Schritt lassen Sie ihn leicht daran ziehen. Das können Sie zum Beispiel erreichen, indem Sie vorsichtig in die entgegengesetzte Richtung, also von ihm wegziehen. Wenn er zieht, belohnen Sie ihn mit Leckerlis.

Steigerung 2: Beginnen Sie nun, die Socke etwas über Ihren Fuß zu ziehen und sagen Sie „Nimm". Es reicht am Anfang, wenn du die Zehen bedeckt sind. Achten Sie bei dieser Übung auch später darauf, dass zwischen Sockenspitze und Zehen genug „Sicherheitsabstand" ist und Ihr Hund Sie nicht aus Versehen in die Zehen zwickt. Wenn Ihr Hund die Socke nun zuverlässig und leicht abzieht, kann es weiter gehen.

Steigerung 3: Ziehen Sie die Socke immer ein kleines Stück weiter über den Fuß. Bei jedem Durchgang ein bisschen mehr. Dann sagen Sie „Nimm". Das machen Sie so lange, bis Ihr Hund zuverlässig die Socke ausziehen kann, auch wenn sie ganz angezogen ist. Ziehen Sie aber vorher immer ein kleines Stückchen selbst, um den Sicherheitsabstand zu Ihren Zehen zu garantieren.

Steigerung 4: Nun kann auch eine zweite Socke ins Spiel kommen und Ihr Hund kann Ihnen zuerst die eine, dann die andere Socke ausziehen.

Schließe die Tür

Mit dieser Anleitung können wir dem Hund beibringen, auf unser Kommando Türen zu schließen. Da die Nase eines Hundes keine Kratzspuren hinterlässt, ist es empfehlenswert, ihn die Tür mit dieser schließen zu lassen, nicht mit der Pfote. Beginnen wir also mit dem ersten Schritt.

Wir bringen ihm zunächst bei, auf das Signal „Stups“ etwas mit der Nase zu berühren. Hier können Sie sehr gut einen Post-it Zettel benutzen. Halten Sie den Zettel so nah vor seine Nase, dass er durch Neugier oder Zufall daran stößt. Diesen Moment nutzen Sie, loben ihn und geben ihm ein Leckerli. Diesen Schritt wiederholen Sie so lange, bis Ihr Hund immer, wenn Sie ihn hinhalten, den Zettel berührt.

Steigerung 1: Halten Sie immer wieder den Post-it vor Ihren Hund, sagen das Kommando „Stups“ und sobald Ihr Hund nun den Zettel berührt, loben Sie ihn wieder ausgiebig mit einem Leckerli.

Steigerung 2: Nun halten Sie den Post-it Zettel dicht vor die Tür, sodass ihr Hund, wenn er den Zettel berührt, sich ebenfalls sehr nah an der Tür befindet. Wenn das zuverlässig funktioniert, gehen Sie zum nächsten Schritt über.

Steigerung 3: Jetzt kleben Sie den Zettel (entweder verwenden Sie selbstklebende Zettel oder etwas Tesafilm) an die Tür und geben Ihrem Hund erneut das Kommando „Stups". Wenn er auf das Kommando hin zuverlässig den Zettel an der Tür anstupst, können Sie zum nächsten Schritt gehen.

Steigerung 4: Zum Schluss können Sie den Zettel mit jedem Durchgang immer kleiner werden lassen, durch Knicken oder Reißen. Tun Sie dies so lange, bis Sie keinen Zettel mehr brauchen. Nun können Sie überlegen, ob Sie das Signal „Stups" für das Schließen der Tür behalten, oder ob Sie ein anderes, wie „Tür zu" nutzen möchten. Um dieses neue Signal einzubauen, sagen Sie es einfach vor dem alten Signal „Stups". Nach einigen Wiederholungen werden Sie das Stups-Signal nicht mehr brauchen.

Denkspiele für draußen – Mit der Nase voraus

Schnupperspiele an der frischen Luft sind eine besondere kognitive Herausforderung für Ihren Hund. Denn hier kann er schnell von anderen Gerüchen, Geräuschen, Menschen und Tieren abgelenkt werden. Wenn Sie es schaffen, dass er sich trotzdem konzentriert, haben Sie sehr viel erreicht.

Bierdeckel-Fährte

Alles, was Sie hierzu brauchen, sind ein paar Bierdeckel. Verteilen Sie eine Reihe Bierdeckel, über die Sie zuvor mit einem stark duftenden Leckerli gerieben haben. Damit legen Sie eine Fährte. Anfangs basteln Sie am besten nur eine kurze Fährte aus wenigen Bierdeckeln. Diese dürfen gerne noch einen geringen Abstand zueinander haben. Auf dem letzten Bierdeckel präsentieren Sie eine leckere Belohnung. Anfangs können Sie Ihren Hund an der Leine führen und so mit ihm gemeinsam die Bierdeckel-Fährte verfolgen. Wenn Ihr Hund die Strecke zuverlässig und schnell abschnüffelt, können Sie die Schwierigkeit steigern.

Steigerung 1: Sie können nun den Abstand zwischen den Bierdeckeln vergrößern. Dadurch wird die Fährte automatisch etwas länger. Am Ende wartet auf dem letzten Bierdeckel wieder eine Belohnung. Wenn Ihr Hund auch die längere Fährte mit Leichtigkeit entlangschnüffelt, kann es noch einmal schwieriger werden.

Steigerung 2: Sie können nicht nur den Abstand erweitern, sondern auch weitere Bierdeckel dazu nehmen und somit die Fährte noch länger machen. Es darf bei dieser Stufe gerne auch mal zwischendurch ein Leckerli auf einem Bierdeckel liegen. Das hilft dem Hund, auf der Fährte zu bleiben.

Steigerung 3: Eine weitere Erhöhung des Schwierigkeitsgrads ist, die Bierdeckel-Fährte mit einer Kurve oder in einem Winkel zu legen. So muss der Hund sich konzentrieren und nicht nur geradeaus schnüffeln.

Steigerung 4: Für die letzte Stufe reiben Sie jeweils die Hälfte der Bierdeckel mit zwei unterschiedlich duftenden Leckerlis ein und legen eine Fährte, von der eine anders duftende Abzweigung abgeht. Natürlich gibt es an beiden Enden eine Belohnung. So ist es erst einmal egal welcher Fährte ihr Hund dann folgt. Doch irgendwann wird er vielleicht auf derselben bleiben.

Schatz suchen – und finden

Auf einem Spaziergang kann man wunderbar eine Schatzsuche einbauen. Wenn Ihr Hund einmal unaufmerksam oder abgelenkt ist, lassen Sie unauffällig ein Leckerli auf den Boden fallen. Nun zeigen Sie auf dieses Leckerli und rufen laut den Namen Ihres Hundes. Direkt danach rufen Sie: „Ich habe einen Schatz gefunden!" Bleiben Sie stehen und tun Sie so, als wäre das, was sie da gefunden haben, eine absolute Besonderheit. Ihr Hund wird nun ankommen, schauen was Sie entdeckt haben und das Leckerli fressen. Dann gehen Sie weiter, als wäre nichts gewesen. Das wiederholen Sie ein paar Mal auf dem Spaziergang. Sie werden bemerken, dass Ihr Hund Sie immer weniger aus den Augen lässt, denn Sie entpuppen sich gerade als echter Schatz-Finder. Das lohnt sich natürlich auch für Ihren Hund.

Steigerung 1: Sie können für eine Steigerung der Schwierigkeit jetzt den Schatz, also die Leckerlis, in hohem Gras verstecken. Also so, dass Ihr Hund sie nicht sofort sieht, wenn er angelaufen kommt. Er muss jetzt zusätzlich seine Nase einsetzen, um den Schatz zu finden.

Steigerung 2: Auch können Sie die Leckerlis zum Beispiel unter eine Wurzel oder hinter einem Baum verstecken und Ihr Hund muss diese dort finden. Ebenso können Sie die Leckerlis unter Blättern oder Moos verbergen.

Steigerung 3: Nun können Sie den Schatz unauffällig fallen lassen und ein kleines Stück weiter gehen. Dann erst zeigen Sie in die Richtung der fallengelassenen (oder versteckten) Leckerlis. Ihr Hund weiß ja nun schon ganz genau, dass es in dieser Richtung etwas zu finden gibt. Er muss aber ein kleines Stückchen laufen und in einem größeren Umfeld suchen – und somit seine Nase richtig einsetzen, um den Schatz zu finden.

Steigerung 4: Ab jetzt können Sie mit der Entfernung zum Schatz, und dem Standort, von dem Sie Ihren Hund aus losschicken, immer variieren und die Leckerlis auch weiter weg verbuddeln. So muss Ihr Hund sich wirklich anstrengen bei der Schatzsuche.

Wo bin ich?

Lassen Sie Ihren Hund „Sitz“ machen und verstecken Sie sich hinter einem Baum oder Busch. Rufen Sie dann Ihren Hund mit „Wo bin ich?“ und lassen Sie sich von ihm suchen. Wenn er Sie gefunden hat, zeigen Sie ihm Ihre Freude und belohnen ihn. Alternativ kann eine zweite Person den Hund festhalten und erst loslassen, sobald Sie „Wo bin ich?“ gerufen haben. Bei diesem Spiel ist es am Anfang noch wichtig, dass Ihr Hund sehen kann, wo Sie sich verstecken. Es schult seine Beobachtungsgabe und stärkt die Bindung zwischen Ihnen.

Sie können natürlich auch ein anderes Familienmitglied oder einen Freund losschicken, sich zu verstecken und Ihr Hund muss dann diese Person suchen.

Steigerung 1: Im zweiten Schritt darf die Entfernung ausgebaut werden. Ihr Hund sollte Sie immer noch sehen können, wenn Sie weg gehen. Das steigert seine Motivation, loszurennen und Sie wieder einzusammeln.

Steigerung 2: Jetzt können Sie gerne ein bis zwei Mal antäuschen, sich hinter einem Baum (oder ähnlichem) zu verstecken. Dann gehen Sie aber weiter. Vor oder zurück. Ihr Hund sollte Sie immer noch dabei beobachten können. Er muss nun ganz genau aufpassen, wo Sie sich gerade aufhalten.

Steigerung 3: Jetzt können Sie auch mal um eine Ecke oder Kurve gehen und sich dort verbergen, sodass Ihr Hund Sie nur noch weggehen sieht, aber nicht mehr weiß, wo genau Sie sich verstecken.

Steigerung 4: Zu guter Letzt können Sie Ihren Hund so platzieren, dass er auch nicht mehr sieht, in welche Richtung Sie gehen, um sich zu verstecken. Alternativ hält ihn eine Hilfsperson fest oder geht ein Stück mit ihm weg.

Handschuh verloren

Bei diesem Spiel darf Ihr Hund unterwegs etwas wiederfinden, was Sie „verloren“ haben. Gut eignen tun sich hierfür ein Handschuh, ein Stofftaschentuch oder ähnliches. Bestenfalls etwas, das klein genug ist, dass Sie es in Ihrer Tasche mitnehmen können. Beginnen Sie den Aufbau dieser Übung, wenn Ihr Hund entspannt bei Ihnen ist. Zeigen Sie Ihrem Hund, dass Sie ein tolles Leckerli in der Hand haben. Legen Sie nun das Leckerli auf den Boden, sodass Ihr Hund es auch sieht. Bevor er es fressen kann, legen Sie den Handschuh über das Leckerli. Anfang darf das Leckerli gerne noch zu sehen sein. Nun schicken Sie Ihren Hund mit „Handschuh verloren“ los. Er darf nun zum Handschuh laufen und das Leckerli fressen. Das wiederholen Sie einige Male. Wenn Ihr Hund mit Begeisterung zum Handschuh läuft, weil er dort das Leckerli erwartet, können Sie den nächsten Schritt gehen.

Steigerung 1: In diesem Schritt legen Sie wieder den Handschuh, oder eben einen beliebigen anderen Gegenstand, aus. Dieses Mal tun sie aber nur so, als würden Sie ein Leckerli darunter verstecken. Schicken Sie Ihren Hund dennoch wieder mit „Handschuh verloren“ los. Er wird mit Begeisterung zum Handschuh laufen und dort nach dem Leckerli suchen. Wenn er beim Handschuh ist und dort nach seiner Belohnung sucht, gehen Sie schnell hin und geben ihm das Leckerli aus der Tasche. Sie dürfen es anfangs gerne auf den Boden direkt neben den Handschuh legen. Diesen Schritt wiederholen Sie mehrere Male. Wenn Ihr Hund jedes Mal mit Begeisterung zum Handschuh läuft, können Sie steigern.

Steigerung 2: Nun soll Ihr Hund lernen, Ihnen zu zeigen, dass und wo er den Handschuh gefunden hat. Denn bald soll er diesen auch aus weiter Entfernung suchen und finden. Wiederholt legen Sie den Handschuh auf den Boden. Schicken Sie Ihren Hund mit „Handschuh verloren“ los. Sobald er beim Handschuh angekommen ist, geben Sie ihm das Kommando „Sitz“. Setzt er sich hin, bekommt er sofort sein Leckerli. Das wiederholen Sie so lange, bis Ihr Hund sich freiwillig, ohne dass sie es noch sagen müssen, vor den Handschuh hinsetzt.

Steigerung 3: Wenn Sie den vorherigen Schritt gemeistert haben, können Sie an der Entfernung arbeiten und den Handschuh immer weiter weglegen. Anfangs darf Ihr Hund gerne noch sehen, wo Sie den Gegenstand ablegen. Wenn er es auch aus weiterer Entfernung schafft, Ihre verlorene Sache zu suchen, zu finden und über das Sitzen anzuzeigen, können Sie zur höchsten Stufe gehen.

Steigerung 4: Jetzt kann es richtig losgehen mit der Sucharbeit. Verstecken Sie den Handschuh nicht mehr sichtbar für Ihren Hund, z.B. hinter einen Baum oder Busch oder hinter einer Kurve. Sie können den Gegenstand auch unterwegs unauffällig fallen lassen und Ihren Hund dann (zuerst auf kurze, später auch längere Distanz) losschicken, den Handschuh zu suchen und anzuzeigen.

Denkspiele für Draußen – Bewegung ist das A und O

Die folgenden Spiele sind theoretisch für überall geeignet. Sie sind draußen und unterwegs gut durchführbar, da bis auf die geliebten Leckerlis keine Hilfsmittel nötig sind. Machen Sie einfach kurz eine Pause beim Gassigehen und üben Sie mit Ihrem Hund.

Nasenstupser

Ihr Hund lernt, mit seiner Nase Ihre Hand anzustupsen, wenn Sie ihm diese offen entgegenhalten. Das können Sie dann als eine Art Rückruf nutzen, oder eben als ein Bewegungsspiel. Zuerst einmal zeigen Sie Ihrem Hund, dass Sie ein Leckerli in die Hand nehmen und es zwischen Ihren Finger einklemmen. Dann halten Sie ihm die Hand mit dem Leckerli auf Nasenhöhe hin. Sobald er mit seiner Nase Ihre Hand berührt, sagen Sie „Prima" und geben ihm das Leckerli. Das Ganze wiederholen Sie ein paar Mal, bis Ihr Hund zuverlässig die Hand mit dem Leckerli berührt.

Steigerung 1: Nun halten Sie eine leere Hand, ohne Leckerli, hin. Sie haben aber eines in der anderen Hand hinter dem Rücken versteckt. Sobald Ihr Hund nun mit seiner Nase Ihre offene Hand berührt, geben Sie ihm das Leckerli aus der anderen, versteckten Hand. Das wiederholen Sie so lange, bis Ihr Hund zuverlässig die leere Hand anstößt.

Steigerung 2: Jetzt können Sie schon mit einer größeren Entfernung arbeiten. Das bedeutet, Ihr Hund ist ein Stückchen von Ihnen entfernt. Dann halten Sie ihm die leere Hand entgegen. Wenn er angelaufen kommt und sie berührt, bekommt er wie immer seine Belohnung.

Steigerung 3: Ab jetzt können Sie unterwegs Ihren Hund mit dem Nasenstupser immer zu sich holen, ohne ihn rufen zu müssen. Wenn Ihr Hund zu weit von Ihnen entfernt ist, zeigen Sie ihm die leere Hand und lassen ihn zu sich laufen. Er muss Ihre Hand anstupsen, dafür belohnen Sie ihn. So kann er zusätzlich auf dem Spaziergang noch ein paar Meter mehr laufen.

Das Automatenspiel

Anfangs brauchen Sie nur ein paar gut riechende Leckereien, sich selbst und natürlich Ihren Hund. Halten Sie beide Hände dicht nebeneinander in Richtung des Hundes. Dabei ist eine Hand offen, mit der Handfläche zum Hund, und die andere zur Faust geschlossen. In der geschlossenen Faust halten Sie ein gut riechendes Leckerli. Der Hund kann an beiden Händen schnüffeln. Aber nur, wenn er die offene Handfläche mit der Nase berührt, öffnet sich die Faust und er kann das Leckerli fressen. Berührt er die Faust, passiert gar nichts. Wiederholen Sie das ein paar Mal, bis Ihr Hund immer zuerst die offene Hand anstupst, um an das Leckerli in der Faust zu gelangen.

Steigerung 1: Wechseln wie die Hände einmal ab. Das bedeutet, dass nun die Hand, die vorher zur Faust geformt war, jetzt einmal die offenen Handfläche zeigt. Die Hand, die vorher geöffnet war, ist nun die Faust mit dem Leckerli drin.

Steigerung 2: Wechseln Sie weiterhin immer mal wieder die Hände ab, sodass Ihr Hund immer genau hinsehen und überlegen muss, welche Hand er berühren soll. Dann halten Sie beide Hände weiter auseinander, ca. auf Schulterentfernung (30-50 cm) und lassen weiterhin Ihren Hund die offene Hand anzeigen, um an das Leckerli in der Faust zu kommen.

Steigerung 3: Nun halten Sie beide Hände noch weiter auseinander, auf die entgegengesetzten Seiten Ihres Körpers. Eine Hand wird also komplett nach links ausgestreckt, die andere ganz weit nach rechts. So sind sie maximal voneinander entfernt. Achten Sie auch hier darauf, immer mal wieder zu wechseln, welche Hand die offene und welche die geschlossene ist. Sonst merkt sich Ihr Hund nur die Seiten.

Steigerung 4: Nun lassen Sie sich von einer zweiten Person unterstützen. Sitzen oder stehen Sie sich gegenüber, zuerst in einem sehr kleinen Abstand. Einer von Ihnen hält eine offene Handfläche Richtung Hund und der andere die geschlossene Faust mit dem Leckerli. Nun muss der Hund zuerst zu der ersten Person, um dort die offene Handfläche zu berühren und dann zur zweiten Person, um das Leckerli aus abzuholen. Wechseln Sie ab, wer die Faust und wer die Handfläche zeigt und entfernen Sie sich nach und nach immer weiter voneinander, sodass der Hund immer mehr Schritte machen muss.

Clicker-Training

Exkurs: Clicker-Training für Einsteiger – die Grundkommandos

Neben einer klar verständlichen Kommunikation braucht ein Hund die Bestätigung für sein Verhalten in Sekundenschnelle – genauer gesagt innerhalb von 0,5 bis 2 Sekunden. Entsprechend des Feedbacks wird er ein bestimmtes Verhalten beibehalten, weil er dafür belohnt wurde, oder es unterlassen, wenn er augenblicklich bestraft wurde.

Mit dem Clicker können Sie diese Voraussetzung für eine klare Kommunikation zwischen Ihnen und Ihrem Hund erfüllen. Denn sobald Sie klicken, geben Sie ihm die Bestätigung, dass er die Aufgabe gut gelöst hat und er versteht, dass er sich nun auf eine Belohnung freuen kann. Außerdem weiß er durch das sofortige Clickern, wofür genau er sie bekommt. Es ist wie beim Fotografieren: Sie drücken den Auslöser und der Hund hat ein klares Foto Ihrer Erwartungen im Kasten.

Einen Clicker erhalten Sie in jedem Fachgeschäft für Tiere. Das Kunststoffgehäuse umschließen Sie mit einer Hand. Der Doppelklick, den Sie durch Druck auf den Clicker auslösen, zeigt Ihrem Hund, dass Sie mit ihm zufrieden sind und er sich eine Belohnung verdient hat. Es bedeutet so viel wie „gut gemacht". Sie gewöhnen Ihren Vierbeiner an das Geräusch, indem Sie immer dann klicken, und sofort danach (bestenfalls 0,5 Sekunden danach) ein Leckerli aus Ihrer Hand füttern. Es wird nicht lange dauern und Ihr Hund hat die Bedeutung verstanden.

Bedenken Sie, dass Sie mit einem Welpen aufgrund seiner kurzen Konzentrationsspanne nicht länger als fünf Minuten am Stück, dafür aber ruhig mehrmals täglich, üben sollten. Tun Sie dies immer nur dann, wenn Sie geduldig und gut gelaunt sind. Hatten Sie einen stressigen Tag, könnte sich diese Emotion ins Training einschleichen.

Beenden Sie jedes Training immer mit einem Erfolgserlebnis für den Vierbeiner. Das kann zum Beispiel eines der Hundespiele sein, die er schon gut ausführt. Dann weiß er, dass ihm eine Belohnung in Form von Kuscheln, Spielzeug oder Leckerlis sicher ist. Brutale Maßnahmen wie Schläge, andere Strafen oder Zwang sind, genauso wie Kontrollketten und Würgehalsbänder, nicht akzeptabel! Liebevolle Zuwendung, eine klare Kommunikation, konsequentes Einhalten Ihrer Regeln und Belohnungen sind eine weitaus bessere Voraussetzung für das Erlernen der Grundkommandos und Gehorsamsübungen. Vor allem sorgen sie dafür, dass das Band zwischen Ihnen und Ihrem Hund gefestigt wird, weil Sie gemeinsam Spaß haben. Der Clicker ist eine große Erleichterung für das Training.

Die sogenannten Grundkommandos umfassen „Sitz“, „Platz“, „Komm“, „Bleib“, und „Nein“. Mit einem gut erzogenen Hund zu leben, erspart Ihnen viel Stress und bedeutet Sicherheit für Ihren treuen Weggefährten. Setzen Sie den Clicker ein, um diese Sicherheit zu gewinnen.

Das Grundkommando – „Sitz“

Eine der ersten wichtigen Übungen, die Sie Ihrem Hund beibringen sollten, ist das Kommando „Sitz“. Zeigen Sie ihm dafür ein Leckerli. Wenn er interessiert mit dem Kopf folgt, um an den Leckerbissen zu kommen, halten Sie es über seinen Kopf. Sobald er hochschaut, bewegen Sie es so hinter seine Nase, dass er den Kopf nach hinten beugen muss. Nun muss er sich zwangsläufig mit dem Hinterteil auf den Fußboden setzen, wenn er das Leckerli erreichen will. Sobald er das tut, clickern Sie und loben ihn überschwänglich, während er seine Belohnung erhält. Das wiederholen Sie immer wieder. Es wird nicht lange dauern und Ihr Hund hat begriffen, dass „Hinterteil am Boden“ mit Belohnung gleichzusetzen ist. Wenn er diesen Zusammenhang verinnerlicht hat, können Sie das Kommando „Sitz“ einführen, sobald er diese Position einnimmt. Ihr Hund wird dann schnell verstehen, was Sie von ihm wollen, wenn Sie es verwenden.

Das Grundkommando – „Platz“

Mit dem Grundkommando „Platz“ wollen Sie erreichen, dass Ihr Hund sich hinlegt. Verbergen Sie dafür ein Leckerli in der Hand, lassen aber ein Stückchen hervorschauen. Zeigen Sie ihm das Stück. Er darf es aber noch nicht bekommen. Führen Sie nun Ihre Hand langsam zum Boden und berühren Sie den Boden mit der Leckerli-Hand. Der Hund wird versuchen, Ihnen das Leckerli abzujagen. Ist er dabei erfolglos, wird er sich sehr wahrscheinlich irgendwann hinlegen. Sobald er das tut, klicken Sie und geben ihm das Leckerli aus der Hand, sodass er es fressen kann. Auch diesen Schritt wiederholen Sie mehrmals. Er wird nicht lange brauchen, bis er den Zusammenhang zwischen der Position und der Belohnung verstanden hat. Nun führen Sie das Kommando „Platz“ ein, wenn der Hund liegt, und nach kurzer Zeit wird er sich auch ohne Leckerli auf Kommando hinlegen.

Das Grundkommando – „Komm“

Für dieses Kommando brauchen Sie etwas mehr Zeit und Geduld. Ein Welpe sollte es so früh wie möglich lernen, weil ein jüngerer Hund seinem Menschen noch automatisch folgt. Diese Übung sollten Sie mit einem anderen Menschen zusammen trainieren. Ihr Hund sitzt neben Ihrem Assistenten, während Sie etwas weiter entfernt sitzen. Rufen Sie nun freudig den Namen Ihres Hundes, breiten die Arme aus und rufen „Komm“. Ein Spielzeug oder ein Leckerli kann unterstützend wirken. Kommt das Hündchen, clickern Sie, geben ihm sein Leckerli und loben ihn ausgiebig. Wiederholen Sie diese Übung und erhöhen Sie den Schwierigkeitsgrad, indem Sie aus einem anderen Raum nach Ihrem Welpen rufen, oder das Training im Garten stattfinden lassen. Sorgen Sie nach und nach für mehr Ablenkungen. Später üben Sie auf einem freien Gelände, vorsichtshalber mit Schleppleine.

Sollte das Hündchen Ihr Kommando ignorieren oder gar weglaufen, drehen Sie sich um und entfernen Sie sich in die entgegengesetzte

Richtung. An der Schleppleine ist der Hund sicher. Laufen Sie ihm nicht hinterher. Verwirrt wird Ihr Welpe zurückkommen und Sie in Zukunft im Auge behalten. Seien Sie geduldig, Schimpfen wäre die falsche Reaktion. Stattdessen sorgen Sie immer für eine Belohnung, wenn der Rückruf funktioniert.

Das Grundkommando – „Bleib"

Für dieses nicht ganz so einfache Grundkommando müssen Sie mehrere kürzere Trainingssitzungen einplanen. Welpen bleiben nur ungern sitzen, wenn sich ihr Lieblingsmensch entfernt. Sagen Sie „Platz", setzen Sie sich vor Ihr Hündchen, strecken ihm die Handinnenflächen entgegen und sagen „Bleib". Wenn der Welpe zumindest ein paar Sekunden lang in seiner Position verharrt, klicken Sie zur Bestätigung. Wiederholen Sie diese Einheit, bis dieser Teil sitzt. Erweitern Sie die Lerneinheit, indem Sie immer einen Schritt mehr zurück machen und wie vorher vorgehen. Mit der Zeit erhöhen Sie den Abstand und die Dauer, die der Hund bleiben muss. Loben Sie jedes Mal überschwänglich, wenn Ihr Hündchen sitzen bleibt. Am Ende sollte Ihr Hund dieses Grundkommando sowohl in der Platz-, Sitz- als auch in der Stehposition ausführen.

Das Grundkommando – „Nein"

Zeigen Sie Ihrem Hund, dass Sie ein Leckerli haben, indem Sie es auf Ihre offene Handfläche legen. Nun halten Sie ihm diese offene Handfläche mit dem Leckerli entgegen. Sagen Sie „Nimm" und lassen Sie ihren Hund das Leckerchen fressen. Das wiederholen Sie noch ein oder zwei Mal genauso. Beim nächsten Leckerli verfahren

Sie genauso, sagen aber anstatt „Nimm“ ein deutliches, aber freundliches „Nein“. Dann schließen Sie sofort die Hand zu einer Faust, sodass Ihr Hund nicht mehr an das Leckerli kommt. Warten Sie, bis Ihr Hund das Nein akzeptiert und sich zurücknimmt. Dies kann er zeigen, indem er sich hinsetzt, hinlegt, einen Schritt zurück geht oder wegschaut. Alles, was weg vom Leckerli gerichtet ist, können Sie anfangs belohnen. In dem Moment, in dem er sich zurückzieht, klicken Sie und geben ihm das Leckerli. Diese Übung wiederholen Sie wieder mehrfach. Variieren Sie mit der Anzahl von „Nimm“ und „Nein“, sodass Ihr Hund niemals genau weiß: Wann kommt ein Nimm- und wann eine Nein-Leckerli. Sobald Sie merken, dass Ihr Hund sich bei Nein sofort zurücknimmt, brauchen Sie Ihre Hand nicht mehr schließen. Sie können das Leckerli dann auch mal auf den Boden legen oder „runterfallen“ lassen. Üben Sie so lange, bis Sie sicher sind, dass Ihr Hund nach dem Nein zurückgeht oder wartet.

Zirkustrick als Spiele

Diese Spiele lassen sich besonders gut vor anderen Menschen „vorführen“. Sie beeindrucken und sehen niedlich aus. Ihr Hund schult mit ihnen all seine geistigen und körperlichen Fähigkeiten. Die Zirkusspiele sind etwas schwieriger und benötigen Geduld. Dafür bereiten die Ergebnisse umso mehr Freude.

Verbeugen

Um dieses Spiel zu erlernen, muss Ihr Hund ruhig stehen können und das Kommando Platz bereits beherrschen. Halten Sie nun einen Arm unter seinen Bauch, direkt vor seinen Hinterläufen. Wenn Ihr Hund es nicht mag, dort berührt zu werden, sollten Sie das zunächst einmal trainieren und ihn nur für das Berühren schon viel loben und Kekse füttern. Hilft auch das nicht, ist die Übung nicht für ihn geeignet und Sie sollten ihn nicht dazu zwingen.

Wenn er es gar nicht als unangenehm empfindet, locken Sie ihn aus dem Stehen mit einem Leckerli in das Kommando „Platz". Stützen Sie ihn dabei mit Ihrem Arm unter dem Bauch. Wenn nun seine Vorderbeine auf dem Boden liegen und seine Hinterbeine weiterhin im Stehen sind, geben Sie ihm direkt das Leckerli, bevor er sich aus der Pose erhebt. Jetzt müssen Sie diesen Schritt mehrfach wiederholen.

Steigerung 1: Nach und nach stützen Sie ihren Hund immer weniger unter seinem Bauch ab, während Sie ihn in die Platz-Position locken. Sobald Sie den Arm nur noch unter seinen Bauch halten müssen, ohne ihn dabei zu berühren, gehen Sie ruhig zum nächsten Schritt über.

Steigerung 2: Jetzt führen Sie Ihr Signal ein. Wiederholen Sie den vorherigen Schritt und sagen in dem Moment, in dem Sie ihn in die Verbeugung locken und er sich mit den Vorderbeinen herunterbeugt, Ihr neues Signal „Verbeugen". Dann loben Sie ihn für die Ausführung.

Steigerung 3: Nun entfernen Sie langsam den helfenden Arm unter seinem Bauch, indem Sie diesen immer weniger weit unter den Bauch Ihres Hundes schieben. Ihr Hund sollte nun, nach einigen Wiederholungen, sich auf Ihr Wortsignal hin verbeugen. Ohne, dass sie noch einen Arm unter seinen Bauch halten müssen.

Steigerung 4: Jetzt können Sie Ihre Position verändern und sich z.B. vor den Hund stellen, das Verbeugen auf Entfernung, oder auf einem anderen Untergrund trainieren. Ab jetzt macht Übung den Meister und bald geht es immer und überall.

Männchen machen

Männchen Machen hilft Ihrem Hund, sein Gleichgewicht zu schulen. Außerdem stärkt es Po- und Rückenmuskulatur. Ganz nebenbei sieht es auch zuckersüß aus. Beginnen Sie mit dem Kommando „Sitz". Stellen Sie sich ganz nah, direkt hinter Ihren Hund. Stellen Sie Ihre Füße zu einem V auf. Dann kann sich Ihr Hund dazwischen stellen und bei Bedarf abstützen. Lassen Sie dann den Hund an einem Leckerli schnuppern, welches Sie in Ihrer Hand halten. Heben Sie es langsam höher, sodass der Hund mit den Vorderbeinen ein kleines Stück hochkommen muss, um es zu erreichen. Sagen Sie jetzt „Männchen machen". Sie können ihn anfangs gerne mit Ihrem Arms stützen. Wiederholen Sie dies so lange, bis Sie ihren Hund nicht mehr stützen müssen.

Steigerung 1: Beginnen Sie wie zuvor und stellen Sie sich ganz nah direkt hinter Ihren Hund. Stellen Sie nun aber nur noch ein Bein hin, an das sich ihr Hund stützen kann. Lassen Sie den Hund erneut an einem Leckerli schnuppern, das Sie in Ihrer Hand haben. Halten Sie es dann langsam höher, sodass er mit den Vorderbeinen hochkommen muss. Sagen Sie jetzt „Männchen machen". Wiederholen Sie es, bis er Männchen macht, obwohl er sich nur noch auf einem Ihrer Beine abstützen kann.

Steigerung 2: Nun stehen Sie seitlich und lassen Ihren Hund wieder dem Leckerli folgen, bis er Männchen macht. Wiederholen Sie so lange, bis er es auch ganz ohne Ihre Stütze schafft.

Steigerung 3: Stehen Sie gerne neben und auch mal vor Ihrem Hund und locken ihn erneut mit einem Leckerli in die Männchen-Haltung. Stehen Sie selbst dabei in verschiedenen Positionen und lassen Sie nach und nach Ihre Hand immer näher bei sich starten. Wiederholen Sie diesen Schritt so lange, bis Ihr Hund zuverlässig Männchen macht, auch wenn Sie woanders stehen und Ihre Hand nicht mehr direkt vor seiner Nase startet.

Steigerung 4: Nun können Sie das Kommando auch aus der Entfernung trainieren, indem Sie immer weiter weg von Ihrem Hund stehen und ihn Männchen machen lassen. Auch können Sie ihn auf verschiedenen Untergründen oder Gegenständen in diese niedliche Position gehen lassen. Hier ist der Kreativität keinerlei Grenze gesetzt.

Schäm' dich

Für diesen schönen und wirklich süß aussehenden Trick brauchen Sie ein weiches Haargummi, auf die Schnauzengröße Ihres Hundes angepasst. Legen Sie dem Hund das Haargummi um die Schnauze und warten Sie, bis er die Pfote an die Nase legt, um es zu entfernen. Genau in diesem Moment loben Sie ihn und geben ihm ein Leckerli. Das wiederholen Sie, bis Ihr Hund sofort beim Ablegen des Haargummis seine Pfote Richtung Nase streckt, um dieses zu entfernen. Achten Sie darauf, dass er seine Nase auch wirklich mit seiner Pfote berührt.

Steigerung 1: Beginnen Sie wieder wie in Schritt 1. Sobald Ihr Hund es aber so zuverlässig zeigt, dass sie 200€ darauf verwetten können, dass er das Haargummi sofort mit seiner Pfote berührt, sagen Sie genau in diesem Moment: „Schäm dich!“. Loben Sie ihn anschließend mit einem Leckerli.

Steigerung 2: Nun müssen Sie das Haargummi natürlich auch wieder aus der Übung herausnehmen. Dazu gibt es zwei schöne Methoden. Manchmal reicht es, nachdem man den vorherigen Schritt intensiv geübt hat, einfach dem Hund das Kommando „Schäm dich“ zu geben und er tut es – auch ohne Haargummi. Dann sollten Sie ihn natürlich ausgiebig für diese Meisterleistung loben. Manche Hunde brauchen aber noch etwas mehr Hilfe. In dem Fall können Sie so tun, als ob Sie ihm das Haargummi um die Schnauze legen würden. Der Bewegungsablauf ist dann schon so im Hund verankert, dass er sich das imaginäre Haargummi abstreifen will. Auch dann wird er natürlich ausgiebig gelobt.

Steigerung 3: Mittlerweile kann Ihr Hund auf das Signal „Schäm dich“ auch ohne Haargummi seine Schnauze mit der Pfote berühren. Nun können Sie die Zeit, die seine Pfote an seiner Schnauze verbringen soll, verlängern. Mal loben Sie ihn schon nach einer Sekunde, mal nach zwei oder drei. Steigern Sie sich in kleinen Schritten. Wenn Sie nicht mehr sofort, nach einer kurzen Zeit loben, wird er es etwas länger zeigen. Hier ist Geduld Ihrerseits gefragt. Zögern Sie die Zeit langsam heraus.

Steigerung 4: Nun können Sie das „Schäm dich“ auch auf Entfernung trainieren und mit den Wartezeiten spielen. Dieser Trick sieht übrigens fantastisch aus, wenn man ihn fotografiert.

Kopf auf den Boden legen

Diesen Trick wird Ihr Hund schnell lernen. Auch dieser eignet sich ganz besonders für tolle Fotos. Legen Sie ein Leckerli auf den Boden und legen Ihre Hand darüber. Sobald Ihr Hund bettelnd den Kopf ablegt, geben Sie das Leckerli frei. Manchmal ist hier etwas Geduld gefragt. Abwarten und den Hund auch einmal ausprobieren lassen, wie er an sein Leckerli kommt, lohnt sich. Diesen Schritt üben Sie wieder und wieder, bis Ihr Hund zuverlässig seinen Kopf auf dem Boden vor Ihrer Hand ablegt.

Steigerung 1: Jetzt sagen Sie, wenn Ihr Hund den Kopf auf den Boden legt, das neue Kommando „Ablegen", oder wie Sie es nennen möchten. Auch das wiederholen Sie nun einige Male.

Steigerung 2: Ändern Sie ein wenig die Reihenfolge des Ablaufs. Sagen Sie beispielsweise Ihr neues Signal „Ablegen" und gehen dann erst mit Ihrer Hand Richtung Boden. Sie bleiben aber ein kleines Stück darüber in der Luft stehen. Ihr Hund sollte trotzdem mit seinem Kopf bis zum Boden gehen und ihn dort ablegen. Diesen Moment belohnen Sie mit Lob und Leckerli.

Steigerung 3: Wiederholen Sie den vorherigen Schritt, bleiben aber immer weiter oben mit Ihrer Hand stehen. Das tun Sie so lange, bis Sie die Hand gar nicht mehr benötigen und Ihr Hund nur auf das Wortsignal hin seinen Kopf ablegt.

Steigerung 4: Um nun tolle Fotos in dieser Position aufnehmen zu können, müssen Sie noch auf Entfernung üben. Sie stehen also immer einen Schritt weiter entfernt von Ihrem Hund, wenn Sie das Kommando „Ablegen“ geben. Trainieren Sie auch, dass Sie mal knieen, hocken oder ein Handy in der Hand haben, um Fotos zu machen.

Aus dem Stand hochspringen

Diesen Trick machen Sie bestenfalls nur mit Hunden, die keinerlei Probleme im Bewegungsablauf haben. Halten Sie ein Spielzeug oder Leckerli so hoch, dass Ihr Hund hochspringen muss, um es zu erreichen. Sobald er hochspringt, geben Sie ihm das Leckerli oder Spielzeug frei. Es kann sein, dass Ihr Hund zunächst nur mit seinen Vorderbeinen hochspringt. Auch das belohnen Sie im ersten Schritt schon.

Steigerung 1: Halten Sie nun das Leckerli immer ein Stück höher, sodass ihr Hund wirklich mit allen vier Pfoten vom Boden abspringen muss, um daran zu kommen. Geben Sie es erst dann frei, wenn alle vier Pfoten den Boden verlassen haben. Üben Sie so lange, bis Ihr Hund zuverlässig mit allen Pfoten vom Boden abspringt.

Steigerung 2: Gehen Sie vor, wir im vorherigen Schritt. Nun sagen Sie aber, sobald Sie ihr Leckerli hinhalten, das neue Kommando: „Hüpf““ oder ein anderes Wort, das Sie passend finden. Auch das Wiederholen Sie, bis der Hund zuverlässig auf Ihr Signalwort mit allen vier Pfoten vom Boden abhebt.

Steigerung 3: Nun können Sie Ihre Lockhand, in der Sie das Leckerli halten, nach und nach immer weniger nutzen. Sagen Sie dazu zuerst

Ihr neues Signal „Hüpf". Heben Sie dann Ihre Hand immer ein Stück weniger Richtung Hund beziehungsweise hoch. Sobald Ihr Hund ganz ohne die Hilfe Ihrer Leckerli-Hand hochspringt, dürfen Sie steigern.

Steigerung 4: Nun können Sie Ihren Hund vor oder hinter Ihnen, oder weiter entfernt, hochspringen lassen. Sie könnten sogar mit ihm Seilspringen, indem Sie das Seil langsam schwingen und immer dann „Hüpf" sagen, wenn das Seil am Boden ist und Ihr Hund dran wäre mit Springen. Diese Steigerung ist eine Übung für echte Profis. Viel Spaß beim Ausprobieren.

Keks-Balance-Übung

Bei der Keks-Balance-Übung trainieren wir mit dem Hund Selbstbeherrschung, Konzentration und lasten ihn dadurch richtig gut aus. Es ist schließlich super anstrengend, einem solchen Reiz zu widerstehen. Hier soll Ihr Hund lernen, einen Keks auf seiner Nase zu balancieren. Er darf sich nicht bewegen und den Hundekeks erst fressen, wenn Sie ihm das Kommando dazu geben. Beginnen Sie mit Ihrem Hund im Sitz. Halten Sie ganz sanft seine Schnauze parallel zum Boden fest und legen ihm dabei ein Leckerli auf den Nasenrücken. Sagen Sie mit leiser und sanfter Stimme ihr Kommando „Warten" oder eines, das Ihnen gut gefällt. Das wiederholen Sie häufiger. Geben Sie ihm schon nach kurzer Zeit das Kommando dafür, dass er den Keks fressen darf. Zum Beispiel mit dem Wort: „Nimm!"

Steigerung 1: Verfahren Sie wie in Schritt 1. Wenn Ihr Hund nun den Keks auf seiner Nase hat, lenken Sie mit erhobenem Zeigefinger seine

Aufmerksamkeit auf sich. Die zweite Hand bleibt noch als Hilfe an seiner Schnauze. Geben Sie ihm nun direkt nach kurzer Zeit das Kommando dafür, dass er den Keks fressen darf. Auch das üben Sie einige Male, bis Ihr Hund immer stillhält, bis das Nimm-Signal kommt.

Steigerung 2: Wenn Ihr Hund einen neuen Keks auf seiner Nase hat, lenken Sie wieder mit erhobenem Zeigefinger seine Aufmerksamkeit auf sich. Die zweite Hand löst sich diesmal aber auch von der Schnauze. Er muss den Keks jetzt allein balancieren. Geben Sie ihm nach kurzer Zeit das Kommando dafür, dass er den Keks fressen darf. Zum Beispiel mit: „Nimm!"

Steigerung 3: Die zweite Hand löst sich auch dieses Mal von der Schnauze des Hundes. Jetzt verlängern Sie Schritt für Schritt die Zeit, die Ihr Hund den Keks auf der Schnauze balancieren soll. Erst nach mehreren Sekunden geben Sie ihm das Kommando zum Fressen.

Steigerung 4: Nun können Sie als besondere Steigerung diese Übung mit mehreren oder verschiedenen Leckerlis oder sogar Spielzeugen ausprobieren. Sie können Leckerli sogar stapeln, wenn Ihr Hund ganz stillhält. Auch können Sie das Kommando im Stehen, Sitzen, Liegen oder sogar beim Männchen Machen trainieren. Die Möglichkeiten sind groß.

Give me Five

Dieser Trick sieht besonders cool aus. Setzen Sie sich mit einem Leckerli in der geschlossenen Hand vor Ihren Hund. Strecken Sie nun diese Leckerli-Hand dem Hund auf Höhe seiner Brust entgegen und lassen Sie ihn ruhig daran schnüffeln. Er kann ja nicht an das Leckerli kommen, solange die Hand geschlossen ist. Die meisten Hunde versuchen irgendwie, an das Leckerli zu gelangen und werden einiges dafür versuchen. Meistens ist irgendwann das Antippen der Hand mit der Pfote dabei. Exakt diesen Moment nutzen Sie, öffnen Ihre Hand und belohnen sofort Ihren Hund dafür, dass er Ihnen seine Pfote gegeben hat. Das üben Sie, bis Ihr Hund beim Hinhalten der geschlossenen Hand schon seine Pfote hebt.

Steigerung 1: Sobald Ihr Hund seine Pfote hebt, sobald Sie Ihre Hand hinstrecken, sagen Sie laut „Give me Five" oder „High Five", verbunden mit überschwänglichem Lob und geben ihm das Leckerli. Wiederholen Sie diesen Schritt einige Male.

Steigerung 2: Nun sagen Sie zuerst Ihr „Give me Five" und strecken Ihrem Hund erst dann die geschlossene Hand entgegen. Wenn Sie diese Reihenfolge einige Male wiederholen, wird Ihr Hund seine Pfote schon heben, ohne dass Sie ihm noch die Hand hinhalten müssen. Wenn es reibungslos abläuft, können Sie zur nächsten Steigerung übergehen.

Steigerung 3: Nun dürfen Sie Ihre Position verändern. Sie können weiter weg von Ihrem Hund entfernt sitzen, oder einmal knien, dann wieder stehen. Variieren Sie in Entfernung und Position so, dass der Hund den Trick immer zeigt, egal was Sie gerade tun.

Steigerung 4: Hat Ihr Hund „Give me Five" erlernt, könnte der nächste Schritt das „High Ten" sein. Dafür halten Sie ihm beide Hände mit jeweils einem Leckerli hin, loben ihn überschwänglich, sobald er einen richtigen Ansatz macht, und sagen Sie „High Ten". Ziel ist, dass er beide Hände „abklatscht". Natürlich bekommt er auch das Leckerli. Auch können Sie die Pfoten mal wechseln und sich anstatt der Rechten, die andere geben lassen.

Pfoten über Kreuz legen

Auch dieser Trick ist sehr gut für schöne Hundefotos geeignet. Bestenfalls kann Ihr Hund schon das Pfote geben. Lassen Sie Ihren

Hund aus der Position „Platz" das Pfötchen geben, dann legen Sie es über seine andere Pfote, damit sich beide kreuzen. Dann geben Sie das Leckerli. Im besten Fall lassen Sie sich die Pfote schon etwas über Kreuz geben. Wiederholen Sie das Ganze ein paar Mal.

Steigerung 1: Wenn Ihr Hund zuverlässig die Pfote über Kreuz in Ihre Hand gibt und Sie diese auch über Kreuz ablegen können, ziehen Sie in diesem Schritt Ihre Hand weg. Dies tun Sie kurz bevor die Pfote des Hundes Ihre Hand berührt. So legt Ihr Hund selbst seine Pfote über Kreuz. Das loben Sie natürlich.

Steigerung 2: Nun ist es Zeit für die Einführung Ihres neuen Signals. Sagen Sie „Kreuzen" und halten dann Ihre Hand hin. Wieder ziehen Sie diese weg, kurz bevor Ihr Hund sie berühren kann. Liegen beide Pfoten über Kreuz, loben Sie ausgiebig. Üben Sie so lange, bis Ihr Hund nur auf das Kommando seine Pfoten kreuzt.

Steigerung 3: Nun können Sie auch die andere Pfote trainieren, sodass Ihr Hund zum Beispiel „Kreuzen rechts" und „Kreuzen links" lernt. Gehen Sie dazu genauso vor, wie zuvor nur spiegelverkehrt.

Steigerung 4: Um nun ein schönes Hundefoto in dieser Position zu bekommen, müssen Sie noch das Kreuzen der Pfoten aus Entfernung üben. Immerhin brauchen Sie für das Foto Abstand. Gehen Sie dazu immer ein kleines Stück weiter weg vom Hund, wenn Sie ihm das Signal zum Kreuzen geben. Loben Sie ihn weiterhin ausgiebig für das Überkreuzen der Pfoten. Auch können Sie das Ganze nun üben, wenn Ihr Hund nicht mehr liegt, sondern steht oder sitzt. Das werden bestimmt großartige Bilder!

Rolle machen

Die Rolle können Sie am besten aus dem Kommando Platz heraus trainieren. Sie ist für jeden Hund geeignet, der körperlich gesund ist. Entscheiden Sie immer individuell, ob Ihr Hund gesundheitlich in der Lage ist, diese Spiele zu spielen. Beginnen Sie also in der Position „Platz". Halten Sie ihm ein Leckerli neben dem Bauch hin. Sobald er mit der Nase folgt, bewegen Sie Ihre Hand über seine Seite Richtung Flanke und Rücken. Also einmal im Bogen über den Hund hinweg. Wenn er nun der Hand folgt, wird er leicht mit dem Ellenbogen zur Seite kippen. Dieses Kippen belohnen Sie sofort und geben ihm ein Leckerli. Das wiederholen Sie nun einige Male.

Steigerung 1: Locken Sie nun jedes Mal ein kleines Bisschen mehr Richtung Rücken. Irgendwann wird er sein Gewicht auf die Schulter verlagern und auf die Seite kippen. Das loben Sie sofort und geben ihm das Leckerli.

Steigerung 2: Nun locken Sie aus der Seitenlage weiter herum, sodass er sich ganz auf den Rücken rollen muss. Auch hierfür loben Sie ihn sofort. Wiederholen Sie dies einige Male und steigern dann weiter.

Steigerung 3: Wenn Sie jetzt auch aus der Rückenlage kleinschrittig immer weiter locken, wird sich Ihr Hund irgendwann einmal ganz herumrollen. Das belohnen Sie natürlich richtig doll. Seien Sie jedoch geduldig und wiederholen Sie die Lockbewegungen lieber kleinschrittig und mehrfach, damit Ihr Hund wirklich versteht, was Sie von ihm möchten. Wenn er sich jedes Mal herumrollt, können Sie beim Locken das Signal „Rolle" sagen. Wiederholen Sie es, bis Ihr Hund sich zuverlässig einmal um sich selbst rollt.

Steigerung 4: Nun können Sie die Entfernung ausbauen und Ihren Hund auch mit etwas Abstand rollen lassen. Auch die verschiedenen Richtungen, also einmal rechtsherum und einmal linksherum, können Sie trainieren. Auch Mehrfachrollen, also mehrere Umdrehungen hintereinander, sind nun möglich. Werden Sie kreativ.

Krabbeln

Das Krabbeln kann als Verhalten an sich oder aber bei anderen Spielen wie „Hund-Limbo" genutzt werden. Wie das Krabbeln genau aussieht, liegt ein bisschen am Körperbau Ihres Hundes. Deshalb kann es bei verschiedenen Hunden ganz unterschiedlich aussehen. Bestenfalls starten Sie mit Ihrem Hund in der „Platz"-Haltung. Nehmen Sie nun ein Leckerli in die Hand und halten es Ihrem Hund vor die Nase. Ziehen Sie es dann langsam nach vorne weg. Halten Sie es dabei so tief, dass seine Nase etwas unter Kopfhöhe ist, aber so hoch, dass er nicht komplett auf dem Boden sein muss. Wenn er nun eine kleine Bewegung nach vorne macht, ohne aufzustehen, loben Sie ihn und geben ihm sein Leckerli. Das üben Sie so einige Male.

Steigerung 1: Ziehen Sie nun Schritt für Schritt bei jedem Durchgang das Leckerli immer etwas weiter weg. Ihr Hund kriecht im besten Fall Ihrer Leckerli-Hand nach.

Steigerung 2: Wenn er das tut, lassen Sie Ihren Hund immer ein kleines Stück länger kriechen. Sollte er doch einmal aufstehen, kein Problem. Bringen Sie ihn zurück in die Platz-Position und starten erneut. Eventuell gehen Sie beim nächsten Mal etwas langsamer vor und locken ihn vorsichtiger vorwärts.

Steigerung 3: Nun bauen Sie Strecke auf und lassen Ihren Hund immer weiter kriechen. Sie können auch, wenn Sie möchten, ein Hörzeichen einbauen und wenn Ihr Hund loskriecht, „Kriechen" sagen. Nach vielen Wiederholungen können Sie Ihre Leckerchen-Hand dann immer weniger als Lockmittel einsetzen. Ihr Hund wird irgendwann auf das Hörzeichen hin loskriechen.

Steigerung 4: Ihr Hund kann ja nun schon mit Strecke punkten. Im nächsten Schritt können Sie verschiedene Gegenstände einbauen, unter denen Ihr Hund hindurchkriechen soll. Auch können Sie zum Beispiel „Hunde-Limbo" spielen und ihn unter einem immer niedriger gehaltenen Besenstil oder ähnlichem hindurchkrabbeln lassen. Treten Sie doch mal gegen Nachbars Rex an und schauen, wer am tiefsten oder weitesten kriechen kann.

Pfoten abputzen

Wie wäre es, wenn Ihr Hund bald beim Betreten der Wohnung seine Pfoten selbst ordentlich saubermacht? Klingt das fantastisch? Das bringen wir ihm in diesem Spiel bei. Sie benötigen bloß eine Fußmatte, die nicht zu leicht ist. Platzieren Sie die Matte auf dem Boden und legen Sie, sichtbar für den Hund, ein Leckerli unter die Matte. Anfangs ist es hilfreich, die Matte zusätzlich noch festzuhalten. Nun sagen Sie zu Ihrem Hund „Los" und lassen ihn das Leckerli suchen. Sie ignorieren alles, was er mit seiner Nase macht und warten darauf, dass er auf die Idee kommt, seine Pfoten einzusetzen und damit auf der Matte oder in die richtige Richtung scharrt. Sobald er das tut, heben Sie die Matte an und er darf das Leckerli fressen.

Steigerung 1: Nach ein paar Wiederholungen zeigt Ihr Hund zuverlässig das Scharren mit den Pfoten. Warten Sie jetzt länger und belohnen Sie nicht direkt nach dem ersten Scharren. Nun soll Ihr Hund zwei oder drei Mal scharren, bevor Sie die Matte hochheben und das Leckerli hervorzaubern. Auch das wiederholen Sie ein paar Mal.

Steigerung 2: Nun tun Sie nur noch so, als würden Sie ein Leckerli unter die Matte legen. Sobald Ihr Hund zwei oder drei Mal scharrt, geben Sie ihm ein Leckerli aus Ihrer Hand und legen es auf die Matte. Gehen Sie diesen Schritt wieder mehrfach durch.

Steigerung 3: Mit der Zeit können Sie immer etwas länger warten, bis Ihr Hund mehrere Male gescharrt hat. Erst nach mindestens fünf Scharrern geben Sie ihm das Leckerli. Jetzt können Sie, wenn Ihr Hund scharrt, auch ein Kommando einführen. Sagen Sie: „Pfoten sauber“ oder Ähnliches. Das wiederholen Sie, bis Ihr Hund auf das Kommando zuverlässig seine Pfoten „putzt“.

Steigerung 4: Jetzt können Sie Ihre Position verändern und den Hund auch aus Distanz zum Pfoten Abputzen auffordern. Wenn Sie diese Übung nun jedes Mal nach dem Reinkommen in die Wohnung machen, wird Ihr Hund irgendwann anfangen, automatisch seine Pfötchen sauber zu machen.

Toter Hund

Beginnen Sie in der Position „Platz". Halten Sie Ihrem besten Freund ein Leckerli in Bauchhöhe hin. Diese Übung beginnt wie bei der Rolle. Sobald er mit der Nase folgt, bewegen Sie Ihre Hand über seine Seite in Richtung Rücken. Wenn der Hund neugierig Ihrer Hand folgt, wird er leicht mit dem Ellenbogen zur Seite kippen. Schon dieses Kippen belohnen Sie sofort und geben ihm ein Leckerli.

Steigerung 1: Locken Sie nun jedes Mal ein kleines Bisschen mehr Richtung Rücken. Irgendwann wird er sein Gewicht die Schulter verlagern und dann ganz zur Seite kippen. Diese Bewegung loben Sie ausgiebig.

Steigerung 2: Nun locken Sie aus der Seitenlage weiter herum, sodass er sich auf den Rücken rollt. Wieder folgt ein intensives Loben. Auch das wiederholen Sie einige Male, bis Ihr Hund zuverlässig und schnell in die Seitenlage zu locken ist.

Steigerung 3: Führen Sie ein Signal ein. Wenn Ihr Hund das Hinlegen auf die Seite beherrscht, sagen Sie kurz davor das Signal „Toter Hund" oder „Peng". Zögern Sie auch die Zeit, die Ihr Hund in der Seitenlage bleiben soll, immer mehr heraus und sagen ihm dann ein Signal, wie „auf", damit er aufstehen kann.

Steigerung 4: Nun können Sie zum Beispiel aus verschiedenen Positionen trainieren. So kann Ihr Hund sich aus dem Sitz, aus dem Platz und aus dem Stehen totstellen, oder sogar aus dem Laufen heraus.

Sich im Kreis drehen

Sich auf der Stelle im Kreis drehen, kann, je nach Größe und körperlicher Fitness Ihres Hundes, schnell oder langsam ausgeführt werden. Auch die Größe der Wendung darf sich gerne dem Gesundheitszustand und der Größe anpassen. Es soll schließlich Spaß machen, nicht wehtun. Halten Sie ein Leckerli in der Hand. Dieses halten Sie vor die Nase Ihres Hundes und lassen ihn daran schnüffeln. Achten Sie darauf, dass Sie Ihre Hand mit dem Leckerli nicht zu hoch halten. Bewegen Sie nun langsam das Leckerli zur Seite, sodass der Hund seinen Kopf drehen muss, um der Hand zu folgen. Belohnen Sie anfangs ruhig schon das Mitdrehen des Kopfes für ein kleines Stück. Machen Sie immer weiter, auch wenn Ihr Hund zunächst nur einen Viertel Kreis schafft.

Steigerung 1: Locken Sie nun Ihren Hund Stück für Stück ein bisschen weiter in eine Kreisbewegung hinein. Jedes kleine Bisschen weiter ist ein wichtiger Schritt in die richtige Richtung.

Steigerung 2: Locken Sie ihn nun nach und nach so weit, bis er eine 360 Grad Umdrehung schafft. Dafür belohnen Sie ihn natürlich ausgiebig. Halten Sie anfangs aber Ihre Hand weiterhin niedrig über den Hundekopf, damit er nicht auf die Idee kommt, hochspringen zu müssen. Üben Sie, bis Ihr Hund zuverlässig und flüssig einen vollständigen Kreis schafft.

Steigerung 3: Nun beginnen Sie, Ihre Handbewegung zu reduzieren. Machen Sie die Kreisbewegung, die Sie bislang mir Ihrer Leckerli-Hand gemacht haben, Schritt für Schritt weiter oben und kleiner.

Irgendwann wird nur noch eine kleine Andeutung einer Kreisbewegung reichen, damit sich Ihr Hund dreht.

Steigerung 4: Wie so häufig bei Stufe 4 können Sie den Tick nun aus der Distanz üben. Bewegen Sie sich dafür immer weiter von Ihrem Hund fort und trainieren Sie, dass er sich auch auf größere Entfernung dreht, wenn Sie eine Kreisbewegung andeuten. Außerdem können Sie gerne das Drehen in die entgegengesetzte Richtung trainieren. Fangen Sie dafür noch einmal von vorne an, aber in die andere Richtung.

Teppich mit der Nase ausrollen

Bei diesem Spiel lernt Ihr Hund zunächst, versteckte Leckerlis freizulegen, indem er einen Teppich ausrollt. Wählen Sie einen Teppich oder ein Handtuch aus, der oder das sich beim Antippen sehr leicht, fast automatisch ausrollt. Legen Sie vor den Augen Ihres Hundes ein Leckerli oder Spielzeug auf den Teppich und rollen ihn zusammen. Drehen Sie den Teppich so, dass er sich auf das Antippen mit der Pfote oder Schnauze hin öffnet und die Belohnung freigelegt wird. Das erste Leckerli sollte schnell und einfach zu erreichen sein, um die Motivation des Hundes hochzuhalten. Mit diesem Spiel werden der Geruchssinn, das Logikdenken und die Konzentration gefördert.

Steigerung 1: Wenn Ihr Hund Schritt 1 einige Male wiederholt hat und schnell, durch Antippen des Teppichs, an seine Belohnung kommt, können Sie das nächste Leckerli etwas weiter in den Teppich einrollen. Ihr Hund sollte nun ein bisschen mehr „arbeiten“ müssen, um die Belohnung frei zu rollen. Auch das können Sie erst ein paar Mal wiederholen.

Steigerung 2: Nun darf sich das Leckerli noch weiter im Teppich eingerollt befinden. Jetzt muss Ihr Hund den Teppich schon mehrfach anstaksen, damit er an das Leckerli herankommt. Zeigt er auch das zuverlässig, können Sie steigern.

Steigerung 3: Jetzt dürfen Sie das Leckerli komplett in den Teppich einrollen, sodass Ihr Hund den Teppich oder das Handtuch komplett ausrollen muss, um an seine Belohnung zu kommen.

Steigerung 4: Im letzten Schritt können Sie den Teppich mit verschiedenen Festigkeitsgraden einrollen. Mal fester, mal leichter. Auch verschiedene Teppiche können genutzt werden. Nutzen Sie einmal welche, die sich leichter ausrollen lassen und dann wieder andere, bei denen es mehr Arbeit und Kraft kostet. Denken Sie aber immer dran: Je schwieriger es wird, desto eher besteht die Chance, dass Ihr Hund die Motivation verliert. Wechseln Sie bestenfalls die Schwierigkeitsstufen immer mal ab.

Nachwort

Dieses Buch soll dabei helfen, dass Ihnen niemals die Ideen für neue Hundespiele und -übungen ausgehen. Deshalb habe ich hier alles gesammelt, was dem Team Hund und Mensch Freude macht. Sie finden in diesem Ratgeber die verschiedensten Hundespiele, Übungen und Tricks für drinnen und draußen, die einerseits Spaß machen, aber auch die gesunde Entwicklung Ihres Hundes fördern.

Dabei geht es einerseits um Übungen zur Impulskontrolle sowie die für ein friedliches Zusammenleben unerlässlichen Grundkommandos, die Sie vor allem mit Ihrem Welpen einüben können. Ihr Hund braucht aber nicht nur Restriktion, sondern auch ausreichend Bewegung, körperliches Training und viel mentale Stimulation.

Ein Hund, der den ganzen Tag sich selbst überlassen ist, langweilt sich schnell. Also müssen Spiele her, die ihn beschäftigen. Solche Hundespiele finden Sie vor allem im Abschnitt für drinnen. Viele der Spiele in diesem Ratgeber unterstützen die Konzentrationsfähigkeit und erhöhen die Kapazität des Hundes zur Problemlösung. Schüchterne und ängstliche Hunde können durch das gemeinsame, geduldige Training mehr Selbstsicherheit gewinnen. Viele der Tipps sind auch für ältere Hunde mit Gelenkproblemen geeignet, die nicht mehr rennen und springen können. Für sie sind viele der Futter- und Wasserspiele gedacht oder das Longieren im Kreis, bei dem Schnelligkeit kein Thema ist. Was aber am wichtigsten ist: Alle Spiele in diesem Buch verstärken die Bindung zwischen Ihnen und Ihrem Hund.

Wenn Sie mit ihrem Vierbeiner spielen, entwickeln Sie eine besondere, gemeinsame Sprache. Sowohl Hund als auch Herrchen oder Frauchen lernen, die Körpersprache des anderen zu lesen und zu verstehen, sodass nach einer gewissen Zeit vieles nonverbal abläuft. Sie erkennen dann an der Haltung und am Blick Ihres Hundes, wie er vermutlich reagieren wird und was er gerade braucht. Ihr Hund dagegen versteht nach und nach besser, was Sie von ihm erwarten, und möchte Sie zufriedenstellen. Nicht nur, weil er seine Belohnung haben will. Er möchte auch, dass Sie stolz auf ihn sind und dass Sie ihm Anerkennung und Liebe entgegenbringen. Dafür würde er alles tun. Vergessen Sie das nie, wenn Sie mit Ihrem Hund trainieren und haben Sie daher Geduld. Wenn Sie genügend Zeit und Hingabe investieren, wird Ihr Vierbeiner selbst die kompliziertesten Spiele erlernen, Ihnen zuliebe und weil es ihm Spaß macht, mit Ihnen gemeinsam Zeit zu verbringen.

Sorgen Sie dafür, dass Ihr Hund immer beschäftigt ist. Spielen Sie so oft es geht seine Lieblingsspiele. Sogar eine einfache Wiederholung von Gehorsamsübungen kann Hund und Mensch sehr viel Freude bringen. Es ist wichtig, dass Ihr Hund Spaß daran hat, das Gehorchen auf spielerische Weise zu lernen. Wenn Sie ihn zwingen und für Fehler bestrafen, anstatt ihn für erreichte Ziele zu loben, können zerstörerische Kräfte die Oberhand gewinnen. Eine liebevolle Lern- und Lebenssituation dagegen macht aus Ihrem Hund einen treuen, aktiven und glücklichen Begleiter, auf den Sie sich in allen Lebenslagen verlassen können. In diesem Sinne hoffe ich, dass Ihnen das Buch gefallen hat.

Noch eine Bitte in eigener Sache

Wenn Sie Anmerkungen oder Verbesserungsvorschläge zu diesem Buch haben, freuen wir uns über eine Mail an kontakt@content-creator-verlag.de. Auch die Autorin können Sie mit dem Stichwort „Denksport für Hunde“ auf diesem Weg erreichen.

Durch Ihre Hilfe können wir kommende Auflagen noch besser gestalten. Wenn Sie uns unterstützen möchten, würden wir uns außerdem sehr über eine Rezension bei Amazon freuen.

Printed in Poland
by Amazon Fulfillment
Poland Sp. z o.o., Wrocław

23951486R10065